年轻人，别在吃苦的年纪选择安逸

莘 子 编著

吉林文史出版社

图书在版编目（CIP）数据

年轻人，别在吃苦的年纪选择安逸 / 莘子编著. --长春：吉林文史出版社, 2019.7（2024.8重印）

ISBN 978-7-5472-6017-3

Ⅰ.①年… Ⅱ.①莘… Ⅲ.①人生哲学－青年读物 Ⅳ.①B821-49

中国版本图书馆CIP数据核字(2019)第043012号

年轻人，别在吃苦的年纪选择安逸

NIANQINGREN，BIEZAICHIKUDENIANJIXUANZEANYI

编　　著　莘　子
责任编辑　张雅婷
封面设计　末末美书
出版发行　吉林文史出版社有限责任公司
地　　址　长春市福祉大路5788号
电　　话　0431-81629353
网　　址　www.jlws.com.cn
印　　刷　北京永顺兴望印刷厂
开　　本　880mm×1230mm　1/32
印　　张　4
字　　数　80千
版　　次　2019年7月第1版　2024年8月第2次印刷
定　　价　19.80元
书　　号　ISBN 978-7-5472-6017-3

前　言

\PREFACE\

很多人羡慕成功人士的无限风光，甚至嫉妒富二代奢侈、富足的生活，并每天幻想着自己能拥有安逸的、不用辛苦奋斗的滋润生活。

那你有没有注意，这样幻想的时候，你的年纪是多大？15岁？25岁？35岁？

你还那么年轻，在那么耀眼的年纪里，你不去冒险，不去拼一份奖学金，不去挑战工作中的未知，不去为未来打拼，而是一边刷着朋友圈，逛着购物网站，一边畅想一毕业就拥有一份高薪职位，一进公司就会得到上司的赏识，升职加薪。幻想总是很丰满，现实总是很骨干。当你寻寻觅觅一份高薪稳定又不用加班的工作时，要知道，“从来没有一种工作叫钱多、事少、离家近”。付出多少，才会获得多少。那些成功人士的确是耀眼夺目，但他们背后付出的辛苦，经历的挫折，很少有人看到。

最珍贵的从来不是财富而是时间。千万别在最能吃苦的年纪，选择了安逸。趁你现在年轻，有激情，有魄力，有失败的资本，放手搏一把，让人生从此与众不同。

虽然，这个世界不够完美，至少没有想象中那么完美；虽然，这座城市不够精致，至少不能马上帮你实现梦想，它真实、残酷，但是，人生总有余地。所以，当你抱怨大形势不好、生意难做时，要知道，“生意从来就没有好做过”。任何一个时代，做生意都像是在没有路的荆棘丛林里开辟出一条路，起早贪黑，担惊受怕，有时忙了一年却颗粒无收甚至血本无归。马云认为，说生意好做的人基本是吹牛。任何时代做生意都要冒风险，都要付出巨大的脑力、心力和体力……一夜暴富成名的事基本上是电视剧里的故事。好生意都是需要时间和心血积累打造的。花大量时间和精力未必生意会好，但不花时间和精力是肯定不会有好生意的!

当你在坚持的道路上东张西望什么时候才能到达终点的时候，要知道，成功的路上会有无数障碍和困难，只要有一个问题不解决，就很可能前功尽弃。浮躁不仅会让人急功近利，而且容易让人走向迷途。

青春是一个人一生当中最炫彩的一段时光，充满激情、彷徨、拼搏、茫然……青春亦是决定一个人未来发展的关键。如果此时你选择安逸，未来你只好用辛苦、挫败来偿还。如果你努力打拼，收获的一定是充实的成就感和幸福感。

所以，请不要在最能吃苦的时候选择安逸，没有人的青春是在红地毯上走过。既然梦想成为那个别人无法企及的自我，就应该选择一条属于自己的道路，为了到达终点，付出别人无法企及的努力。本书是一部积极向上、充满正能量的励志书，它不以空洞的激励为主，而是贴近生活，引起共鸣，给予你力量，将你从平凡、安逸的生活中拔起，做一个真正的自己。

目 录

\CONTENTS\

第七章

第一章 青春就是拼了命，尽了兴

迎难而上，留点儿期待给自己

无论生活如何，我们总得抬着头往前走。高楼再灰暗，但总会有阳光穿透过来。那些光，就是把失意生活变成诗意的希望。

努力其实并不那么难，只需要闭上找借口的嘴，从外界的诱惑中收回目光，从浮躁和五分钟热度中沉淀下来，然后给自己一个信仰，相信总有一天你会成为你想要成为的那个人。因为心中有念想的人即便走得慢一些，即便最后走不到终点，也总不会迷茫。

你要相信，自己的肩膀总有一天可以承担未来，这样在幸福降临时，你才有能量来迎接它。

你要相信，那些爱过的人，受过的伤，错过的桥都是必要的，它们把你变成这个世界上最独特的人。

你要相信，那些最难到达的地方，那些需要一直奋斗才可获得的事物，才最值得花时间坚持和等待。

你要相信，最艰难的办到的事有时候是最好的事。

你要相信，对自己坚持的事情热忱，美好的事情就会慢慢降临。

你要相信，生命最精彩的地方永远是自己成就的，而不是靠别人取得。

有些人把自己的生活过成了一条河，一直不断向前奔，遇到转弯的地方就变成泥沙沉淀下来，永远无法到达海洋。其实遇到转弯我们需要的不过是一点儿坚持、一点儿希望。

电影《肖申克的救赎》里被判无期徒刑的瑞德说，希望是世界上最美好的东西，是人间至善所在。在那所高墙里，所有的异动都无法存在，只有希望不灭。

其实希望一直在我们心里，当我们遇到生活的不公，也许一颗怀抱着希望的平常心能让我们在所有的黑暗里从容地找到通往前方的大路。

空有知识都是不行的，你还得有希望。因为这点儿念想，我们就有勇气咬牙蜕变，所有的不安也将在这样的念想里落了地。就像《永不妥协》里的单身母亲一样，没有工作，没有存款，在最倒霉的时候只有更倒霉的事情找上门，但生活只要有一线希望她就不会妥协。所以对自己说，在最困难的时候也要坚强地对待生活，认真地对待自己。不怨天尤人，不歇斯底里。告诉自己可以哭，可以弯下腰去把尊严放下，但即使自尊被踩碎也要重新站起来继续出发，永不妥协。

要相信努力的意义，相信无论生活多么艰难，美好的东西都不会消失，太阳会照常升起，无论过去还是将来，一切苦痛都会过去。

努力活成自己喜欢的样子

寻找自己，坚定地成为自己，不论走到何方，都往前探索自己的路。若是鱼儿，就游在水中；若是马儿，就奔跑在草原上。

想要变成更优秀的人，并没有错。谁都想变成更优秀的人，所以我们才在人生这条河里逆流而上。

但当你问自己什么样的人才是更优秀的人时，千万不要像我下铺的一个朋友，翻个白眼，不做深究。

也千万莫要活成他人眼中的“优秀”模样。

要去寻找自己的答案。

不是这个世界、父母、他人、习俗灌输给你的答案，而是独属于你自己的答案。

这个世界有它自成一套的话语和规则。它告诉你，从小就不能输在起跑线上，一定要好好读书考上好大学，它告诉你大学四年该如何度过，30岁之前你一定要完成几件事，一生必读哪些书，必去哪些地方旅行，多少岁结婚最好，成功的标准是什么……

于是我们将人生活成了一堆数字和标准。

30岁还不能出人头地，30岁还不能嫁出去，完了，人生无望。

有个女孩子甚至算过一笔账，如果想要生两个小孩，30岁前生完，小孩相差3岁，那27岁就得生第一个，26岁就得怀孕，想怀孕之前二人世界两年，那24岁就得结婚。订婚后，见家长，旅行，准备婚礼要一年，那23岁就得订婚，订婚前要谈两年恋爱，那21岁就要遇到这人。

这么算下来，顿时觉得人生好紧迫。

也好无趣。

无趣到有一天你回想你的21岁，只记得自己像个嫁不出去的哀怨剩女，强迫自己到处找男朋友的样子，却不记得那一年你的青春是否有过自由的奔跑，是否绽放过美丽硕大的花朵，让你可以在未来的人生里止不住地怀念。

讨厌过去的自己，抹杀过去的时光，我总觉得这是一件格外悲哀的事。

仿佛那亲历的青春，所有历历在目的岁月，都如船过水无痕，连回响都没有，就虚度过去了。

谁都只能活一辈子，若每一寸光阴不能尽情尽兴地活过，岂不是辜负人生？

Jacopo是个高大英俊的德国人，曾经的职业是法律顾问，负责给各种企业准备相关的法律文件。这是一份收入不菲的工作，但他却在30多岁的时候辞掉了工作，来到中国，成为某公益组织的义工。

不少人对他这种天差地别的人生境遇很感兴趣，也对他的选择感到困惑和不解。有人说，外国人嘛，随性潇洒得很，肯定是心血来潮就做了决定。反正人家不愁吃穿，不像我们，生存压力这么大。

他却说，辞掉工作并非心血来潮，因为他想了很久很久。

当然，契机也只是一个忽然而至的念头。

有一次他为一家公司拟定购买卡车的合约，在完成所有法律条款之后的某个时刻，Jacopo想到，那家公司想必已经买到了他们想要的卡车。在那一刻，他忽然很想知道那辆卡车是什么颜色。是红色的吗？还是其他颜色？是崭新的吧？漂亮吗？可是他的职业并不需要他知道这些。

就这样辞了职。听起来相当任性，却无端让人觉得浪漫。

对他而言，他只是不希望自己的一生仅仅作为旁观者而存在罢了。

他说自己快40岁了，人生很快就到头了。

将从前制订好的人生计划推翻重来，开始任性地做最想做的事，或许是唯一不会让未来的自己后悔的选择。

于是，当所有人都在跟人谈论婚姻家庭孩子丈母娘公公婆婆房子车子的时候，只有Jacopo一心念着他心中的那辆红车卡车。

那辆红色卡车，在他的脑海里，一定是最美丽鲜活的风景。

我时常想起我下铺的女孩，她是一个把自己逼到极限的人，她的心底大概没有任何美好风景，只有一圈圈锁链，把自己的身体和心都锁得严严实实。

不柔软，不强大，不温暖，不快乐，那是一个连她自己都不喜欢的自己。

以为不越雷池半步就足够安全，怎知错过的却是最美好的自己。

我们或许不是她那样的“强迫症女孩”，但也会在意明年的比今年的薪水涨几个百分点，会细数30岁之前完成几个人生目标，会掐算着在哪一年必然遇到命中注定的那个他，否则就晚了再也来不及了，会谋划着想找一个有几套房子几辆车的土豪……

这也并没有错。

但倘若有一天，你发现实现这些世人公认的人生目标并不让你快乐，意识到你想走的路和别人不同，你想看的风景在另一片天地，记得要有勇气承认，然后调转方向，拍马而去，决不回头。

何必强迫自己和别人活得一样？若是鱼儿，就游在水中；若是马儿，就奔跑在草原上。

许诺一个自由的灵魂给自己。许诺沿途最好的风景给自己。

问自己：

亲爱的，有没有很努力地变成你喜欢的自己？

浪掷青春，然后狠狠后悔

不如就在叛逆和疯狂的道路上一路狂奔。狠狠摔倒，狠狠哭泣，狠狠后悔，然后找到该走的路。

工作中认识一个女孩，大学还没毕业，来公司做实习生。人乖巧又勤快，吩咐她做的事都做得很好，和同事相处得也融洽。连平时十足挑剔的经理都夸她好，说她不像之前的实习生，事做不好，还总闹小孩脾气。

一次聚餐，路上和她聊天，聊到五月天近期来北京巡演的事，她立刻眼睛放光，说她是五月天的超级粉丝，演唱会开到哪追到哪，一场不落。接着开始历数五月天的出道史，掰着指头告诉我哪些歌堪称经典，又说主唱阿信身上的哪些优点影响了她，他写的哪些歌词给了她正能量，说得手舞足蹈，停不下来。

看着她快要冒出星星眼的兴奋表情，我忍不住微笑，这孩子，是真心喜欢五月天啊。我自己不追星，却理解这种谈论喜欢的人时血液加速内心激荡不吐不快的感觉。

到了演唱会那天，她却早早订好了晚饭便当，坐在办公桌前，干劲儿满满准备加班。

我很奇怪，问她怎么不去看演唱会。她一笑，早就不追啦。

我更奇怪了，明明那么喜欢他们？

她说，喜欢也有很多种方式。

后来我才知道，原来她追星最疯狂的时候是中学时期。加入粉丝俱乐部，追五月天出场的所有电视节目，买登载他们访谈和照片的所有杂志报纸海报，翘课去他们所有大大小小的巡演。她家境尚可，有时撒娇，有时撒泼，父母总能满足她的要求。学业当然一塌糊涂，加上经常缺课，出勤率都不够。好不容易混到高中，终于落到要留级的地步。

父母不准她再追星，她当然不听。不给她钱，她就偷家里的钱，或者四处向朋友借；不让她出门，她也总有办法偷溜出去；打她骂她，她索性离家出走，折腾得天翻地覆。

老师、亲戚、朋友轮番规劝，她谁的话也不听，叛逆得不得了。

终于把爸爸气得心脏病发，进了医院，差点儿救不回来。她跪在病床前痛哭，从此把对五月天的喜欢收进心底。

没错，喜欢也有很多种方式。疯狂地追逐，一场不落地听演唱会是一种方式，让自己活成喜欢的偶像的样子，是另一种方式，而且是更好的方式。

如今，她考上了不错的大学，成为一个人见人夸的实习生，以后她当然也会成为一个努力工作的社会新人，努力寻找自己该走的路，就像五月天说的那样：不放弃梦想，好好期待一趟精彩的人生旅程。

青春期的叛逆和疯狂早已不见痕迹。

但她说，五月天有一首歌叫《疯狂世界》，她很喜欢。阿信在歌中唱：、“青春是挽不回的水，转眼消失在指间，用力地浪费再用力地后悔。”

浪掷青春，然后狠狠后悔。

谁说这不是对待青春最好的方式?

正因为有过那些叛逆和疯狂，她才知道未来该走什么样的路；正因为狠狠后悔过，所以她再也不会做出让自己后悔的事。

后悔，终究好过遗憾。

我亲爱的朋友，全新的生活在你面前展开，像一个精彩的万花筒。但生活并非童话，明天并不总是更好。未来有一天，拥有的一切也可能会尽数失去，生活可能重新陷入低谷，你可能会回到起点，怀疑当初走一条更艰难的路是否有意义，懊恼这些日子的努力完全白费，而你白白浪费了青春最好的时光。

假如真有那一天，请记得要尽情地后悔，最好痛彻心扉大哭一场，然后你会发现，你已不是当初那个畏畏缩缩、患得患失的女孩了。你闯过、勇敢过、叛逆过，生活的起伏和折磨逼你付出代价，却也给你收获，它早早催你蜕变、强大，所以你会重新勇敢起来，继续走你想走的路。

纵使你再一败涂地，至少不留遗憾。

昆德拉说的好：“没有一点儿疯狂，生活就不值得过。听从内心呼声的引导吧，为什么要把我们的每一个行动像一块饼似的在理智的煎锅上翻来覆去呢？”

不如就在叛逆和疯狂的道路上一路狂奔。

狠狠摔倒，狠狠哭泣，狠狠后悔，然后找到该走的路。

好过什么都不失去，也什么都得不到。

一个人也要过得精致温暖

不要因为一个人，就放弃做你想做的事，放弃过更好的生活。哪怕只是看一部电影，开始一段旅行。

一个人。

这真是意味深长的三个字。

意味深长之处在于，一个人的时光和生活是好是坏，全在一念之间。

太多的人不知道怎么过好一个人的生活，所以日剧《孤独的美食家》，美食短篇《一人食》，人气高得令原创作者都始料未及。孤独的进食方式，不孤独的食物美学，似乎是形单影只的都市人最需要的正能量：一个人也要好好吃饭，一个人也要过得精致温暖。

多么治愈人心。

看着他们将一个人的日子过得这样滋润自在，你会觉得“孤独”“寂寞”这些词看起来也不那么可怕了。

为什么不呢，假如你真的是一个人，那就骄傲地宣称自己过着一个人的生活，并且享受着奢侈的孤独。

网上曾有人制作了一个孤独等级表，将孤独的程度分成好几级，譬如第一级是一个人逛超市，第二级是一个人去快餐厅……直到最后几级：一个人去游乐园、一个人搬家、一个人动手术。一路看下来，感觉越来越凄惨，但结果也只是引来无数人的自嘲：这就是我的真实生活写照。

这自嘲背后透露出的意味似乎是：谁想孤零零一个人呢？可是没办法呀。既然没办法，那就只能一个人把日子过好，一个人去做所有的事。就算看起来凄凉，也好过为此悲观绝望。

无数人对孤独的自嘲加起来，变成一场安慰孤独的狂欢。你看到这世上还有人和你一样，宁缺毋滥，仍然在等待着一个对的人走进你的生命，你看到大家都和你一样，一个人坚强，一个人脆弱，一个人向往梦想，为未来奋斗，会觉得孤单也没什么不好。

骄傲也好，自嘲也罢，总算都是接纳。可惜这世上总有人将“一个人”视之为洪水猛兽，避之不及，并且还以此要求身边的人。

谁能说两个人一起漫步海边看到的夕阳，一定比一个人看到的更美?

这世上没有任何一个地方，不适合一个人去。

有个女孩，被父母送去加拿大一个小镇读高中，那时她英语不够好，很难和当地人交上朋友，而学校的华人圈又多是讲粤语的人，她融不进去，所以做什么事情都是一个人。用她的话说就是：

一个人去中餐厅吃自助。

一个人看书学习看电影。

一个人去购物，然后把勒痛了左手的购物袋递给右手，嘴里说，喏，给你。

一个人去滑雪，摔到脚，强忍着痛把重心放在一条腿上，勉强从山上滑下来。

一个人生病，然后把药和吃的沿着床头摆成一列，这样如果实在不能起床，也不会饿死。

后来她去另一个城市上大学，原本在假期之前已经定好住处，谁知房东临时变卦，在她抵达的第二天就让她搬走。于是她一个人在异国的街头找住处找到深夜。

终于找到一间便宜的房子，房间里什么也没有，她自己一个人跑到宜家买了桌子、椅子、柜子和床，叫了一辆车把东西拖回来，一个人按照说明书装家具。结果发现床板拿错了，但又心疼叫车的钱，于是把床板捆起来背在背上，一个人坐车去宜家换货。

地铁上有个白人老爷爷问她，小姑娘你是要回家给你的小狗搭房子吗？她回答，不是，这是我的床板。

到了新的学校，天性开朗的她终于交到许多朋友，但她发现自己已经喜欢上了一个人的感觉。一个人的生活，让她尝到寂寞的滋味，也让她意识到自己的坚强。

她说，离了任何人也能活下去的感觉，挺好的。

过去，我有过许多次旅行，都是一个人出发，一个人回来，但中途总能遇到许多和我一样在路上的同伴，彼此萍水相逢，结伴走一段路，然后分别。

旅途如此，人生也是这样。

我们都是孤零零来到这个世界，孤零零地离开，中间也有大段大段的时间需要一个人度过，但在这个世界上，同伴无处不在，我们不可能永远是一个人。

当然，也不可能永远有人相伴。

一个人也好，两个人也好，一群人也罢，都是生活的状态。

所有的状态，都不妨安然领受。

一个人时，就享受一个人的自由时光，也享受一个人的寂寞和坚强；有人相伴时，就享受陪伴的温暖和互动的快乐。

至少，不要在一个人的时候羡慕两个人的温暖，然后又在两个人的世界里怀念一个人的轻松自在。

不要因为暂时是一个人，就放弃做你想做的事，放弃过更好的生活。

哪怕只是看一部电影，开始一段旅行。

第二章
年轻时受的苦，终将照亮未来的路

任何磨砺，都是奋斗路上的垫脚石

不要问自己前面有什么，不要问自己会得到什么，先问问自己愿不愿意去试，敢不敢跳进生活这片不甚清澈的深潭。

我们离开家乡，从一段情感中生生剥离。去跋涉，去挑战，去尝试，去重新开始。这一切并不是谁逼着你非走不可。没有人逼你到北上广去住十平方米不到的出租屋，没有人逼你必须熬夜工作，没有人逼你必须去和难缠客户打交道，没有人逼你一天必须工作十六七个小时。

也没有人逼着你非离开熟悉的故乡，离开父母的身边，离开安逸的生活。

其实谁不想在家乡，陪着父母老去，谁不想在熟悉的故乡和认识了十多年的老朋友时常聚聚，谁不想待在老家，可以有一所属于自己的房子，未必面朝大海，但总能容下一个三口之家，弥漫饭香。

但我们依然把故乡和过去一起背在背上，带着梦想独自启程。

因为我们不想在20岁的时候就过上80岁的生活，因为我们相信梦想必须在更大的地方才能绽放得绚烂，无论生活多么不公与残酷，努力奋斗依然是离开狭隘和偏见的唯一途径，每一种艰难的工作都有可能是通向梦想的天堂。

所以，我们自愿选择看似崎岖的道路。

闺密的男朋友T君是一个创业者。大学的时候他参加全市的科技创新大赛，拿了一等奖，是别人眼中的天才，再加上身材样貌不错，一时风光无限。毕业后，这个天之骄子原本有机会进全国最好的互联网公司，拿令人艳羡的薪酬。可是他拒绝了这个极好的offer，背着他自己的产品到深圳。原本可以在北京的写字楼里吹着空调当经理的他，背着包在深圳华强北闷热的大楼里当推销员。一连跑了一个多月没有人看好他的东西，好不容易有人看中却被对手背后下手抢了单，好不容易没有被人抢单，却因为产品的服务出了问题，他被客户指着鼻子骂骗子。天之骄子一下子落入了凡尘，尊严粉碎了一地。

遇到这样的事，耐得住性子坚持的就能挺去过，耐不住的就永远是个路人甲。有一次跟闺密和A君小聚，聊天说起这段，他的语气平淡得就好像在说别人的事，他说自己打心眼里还是觉得自己是个做开发做产品的人，不想把自己的东西让给其他人，所以才拒绝当时的那份工作，可是自己万万没有想到，现实会让自己既当销售又当售后，这真不是自己想干的活。但最终一切还是稳定下来，成了自己想成为的人。现在他不仅自己做项目，也投资项目，那些经验和眼光都是售前售后一起当的时候积累的。

面对工作，有时候我们很难说喜欢与不喜欢，就像我们很难说清离开家乡漂在外面的感觉是喜是悲，但我们总在这样的生活中一天天清醒，终有一天豁然开朗。所以，我们一直对自己说，没事，无论这生活的深潭里埋着什么，潜得久了就知道有没有自己想要的东西了，摸索得多了就知道这生活是不是我们心之所向。哪怕抓到满手淤泥，也是下一次前进的线索。

又或许，我们所有的热血都在现实的汪洋里冷却，如一场热闹的宴席终于走向平淡，可是那又如何呢？哪怕我们所有的尝试都终将败北，但那曾经波澜壮阔的青春总可以在我们老的时候变成故事来讲。

所以，不要问自己前面有什么，不要问自己会得到什么，先问问自己愿不愿意去试，敢不敢跳进生活这片不甚清澈的深潭。

曾子墨说："前途路上，置诸死地，有人，真死了；有人，活过来并活得更好。最重要的是，问自己，有没有勇气做，做砸了，输不输得起。"人生本来就没有规定付出与收获之间必须有固定的比例，大不了重新再来一次，反正你不去试也什么都没有，因此试了失败了也没关系。

不是生活糟心，是你活得不够用心

现在过得如何，取决于你过去做了什么；而现在所做的一切，会一点一滴堆砌出未来的模样。一切都是自己的选择。

从前总以为，我们需要满身金银，才可以把生活打理得美好有趣；以为需要流浪到世界的尽头，才证明自己活得自由。

后来才知，真正的美好和自由是什么呢？应该是你哪怕在人生最低的低谷里，脸上也仍有笑容，心底仍有希望；是你哪怕活在尘埃里，也可以坚韧地在尘埃里开出花来。

活得美好和自由的前提是，自己决定自己的生活，自己的心情。

网上有一组很火的照片，楼主贴出了她的两个同学，一墙之隔下两个姑娘不同的生活：

墙左边的姑娘每天的生活是泡沫剧，看累了就叫外卖，手头上偶尔有点儿闲钱就去逛街买衣服，她抱怨考试很难过、身材不好没人追、去社交场合没话说。她苦笑指着对面，不像她，那么好命。可她不知道，墙右边的那个“好命”的姑娘，已经在她看泡沫剧的时候自学了法、英、西三门外语；好命姑娘在社交场合能侃侃而谈，是因为看过的书比她吃的快餐盒撑起来都要高，她攒钱每隔一段时间就去旅行。左边的姑娘跟我抱怨，生活无聊又没趣，好命姑娘却告诉我，夏天的时候托斯卡纳的大波斯菊很美。

很简单，现在过得如何，取决于你过去做了什么；而现在所做的一切，会一点一滴堆砌出未来的模样。

一切都是自己的选择。

自由的选择。

从来没有糟糕的生活，只有不用心的人。

我们都可以做出选择：选择在拥有健康、美貌、才华、能力时，仍然把生活过得乱七八糟，然后抱怨命运没有给出更好的选择，也可以选择在人生一无所有的时刻，打理好自己，过得像一个真正的心灵贵族。

出身、家境不可选择，的确如此，但生活真的是一件可以选择的事。

你永远可以去选择：努力，乐观，快乐，温暖。

或者相反。

不安于现状，才能在未来改变自己

人生最大的危险，就在于安于现状，不敢冒险。冒险的确可能遭受损失，但仅仅是可能而已……

价值是一个变数。今天，你可能是一个价值很高的人，但如果你故步自封，满足现状，那么明天，你就会贬值，就会被一个又一个智者和勇敢者超越。今天，你可能做着看似卑微的工作，人们对你不屑一顾；而明天，你可能通过知识的不断丰富和能力的不断提高，以及修养的日益升华，让世人刮目相看。

李洋曾经在一家合资企业担任首席财务官。在成为首席财务官之前，他工作非常努力，并取得了出色的成绩。老板非常赏识他，第一年就把他提拔为财务部经理，第二年又提拔他为首席财务官。

当上首席财务官以后，拿着高薪，开着公司配备的专车，住着公司购买的豪宅，李洋的生活品质得到了很大的提升。然而，他的工作热情却一落千丈，他把更多的精力放在了享乐上面。

当朋友问他还有什么追求时，他说："我应该满足了，在这家公司里，我已经到达自己能够到达的顶点了。"李洋认为公司的CEO（首席执行官）是董事长的侄子，自己做CEO是不可能的，能够做到首席财务官就到达顶点了。

他在首席财务官的位置上坐了差不多一年的时间，却没有干出值得一提的业绩。朋友善意地提醒他："应该上进一点儿了，没有业绩是危险的。"

没想到，李洋竟然说："我是公司的功臣，而且这家公司离不了我李洋，老板不会把我怎么样的！"他甚至在心里对自己说，"高薪永远属于我，车子永远属于我，房子永远属于我，没有人可以夺去，因为没有人可以替代我。"

的确，公司很多工作都离不开李洋。然而，他的糟糕表现，还是让老板动了换人的念头。终于，在一个清晨，李洋开着车，和往日一样来到公司，优越感十足地迈着方步踱进办公室里，第一眼看到的却是一份辞退通知书。

他被辞退了，高薪没了，车子不得不还给公司。而且，他还从舒适的房子里搬了出来，不得不去租一间小得可怜、上厕所都不方便的小套间。

李洋以为自己不可替代，事实上，“沉舟侧畔千帆过，病树前头万木春”。就在他被辞退的当天，公司就招聘了一位首席财务官。

“功臣”依然失业了。李洋不思进取而失去优越的“现状”，是不值得同情的。这个故事告诉我们，安于现状的人最终会被淘汰。无论是什么职位，如果你安于现状、不思进取的话，都逃脱不了职位被人抢走或者“铁饭碗”“金饭碗”被打破的可能。

事实上，在很多企业里，“功臣”都因为安于现状而失败。这些“功臣”们在失败到来时，常常埋怨老板“不念旧情、忘记过去”，却没有想过，自己虽然昨天是“功臣”，可今天已经成了浪费企业资源的人了。

要避免类似于李洋那样的遭遇，有两点是必须记住的：

第一，努力奋斗，不断改变自己的“现状”。

第二，过去的成绩只能属于过去。不管你是如何功勋卓著，在你不能为企业创造新价值的时候，你就是一文不值的。老板不可能因为你昨天干得好，就把你一直养下去。

只有不断超越平庸，永远不安于现状，你才能在职场上永远处于不败之地。

不安于现状，是优秀经理人的基本素质，也是优秀员工的立身之本。任何企业所需要的，都是不断创新的人。那种必须推着才肯前进的人，肯定会被社会所淘汰。

不要让梦想只是梦想

对绝大部分人来说，理智，冷静，都是值得赞颂的品质，它们为生活保驾护航。可对另一些人而言，这两样事物的出现，意味着内心一部分疯狂枯萎了。

在新西兰工作生活的年轻人，家境多是“还好”，这个“还好”上至可以拼爹的富二代，下至吃穿不愁但余钱不多。公平的是，无论是富家子弟抑或小康儿女，来到这儿都是一样的，该吃的苦一点儿都不会少。新西兰实在也没有什么可供你奢侈消费的地方，于是此时，拼的不是家境，而是内心强大程度。

有一个印度同事，身家极丰厚，据闻其家族在印度有一万亩地，一亩地是666平方米，如此算算的确惊人。但是具体如何我们没人知道。只是偶尔听到他咕哝：我妹妹的房间都比这个鬼地方大。

他说的鬼地方是他们所工作的五星级酒店。

坊间传闻这印度小地主出来，是被父亲逼的。他的爸爸非常开明，当年也曾出国游历几年，如今看儿子太过稚嫩，便也扔出来希望磨砺一下他的性格。在不情不愿以及“你不出去打拼一下，我一分钱也不会给你”的威胁里，这个男孩来到这家酒店，和加藤一样，做打扫房间的服务员，每天低头弯腰清理马桶，捂着鼻子把无数可疑的垃圾归拢到一起扔掉。

因为总是闲站在一旁不做事，被搭档告了好几次状，加上客房服务部的经理以咆哮闻名，这男孩日益低沉。最后一次挨骂时的现场之火爆程度，惊动了全酒店上下。

据说当时是这样的，几个客人让印度男孩更换浴室毛巾，但是等了一个上午，连他的人影都没见到，客人恼怒地去投诉，竟然被他还嘴说：你们自己弄得那么脏，还好意思怪我。

印度男孩彻底捅了娄子，这间酒店一向奉顾客为上帝，加上经理早就对他不满，拖到办公室一顿骂外加警告处分。可是高潮在于，这男孩直接把打扫客房的手套扔到桌上，仰起头大声说：我才不稀罕在你这干活，我告诉你，我家可以把整间酒店买下来！

辞职经典必备扔手套环节过后，他开始长篇大论地演说，内容无非是“我家那么有钱凭什么听你使唤”“你们这儿就是垃圾，垃圾，垃圾！”诸如此类，当时正值午饭时间，所有客房服务员听得一清二楚，男孩的印度腔英语久久回荡在办公区内，引得不少人偷笑。

在年轻人堆里，这事成了茶余饭后的笑话。没人在乎你有没有钱，只看你有没有用自己的力量去获得金钱。

后来大家再说起他，都是揶揄的语气：啊，不知道他什么时候回来买下酒店呢？

比起印度男孩，小夏就要好的多了。

小夏是典型的中国普通青年，独生子女，家境小康，父母传统，从小到大读书也还中等，顺利上了大学，平时喜欢看美剧，但也不排斥文艺闷片，淘宝是购物常驻基地，偶尔转发一些“星座心语”之类的鸡汤微博。

种种而言，她的人生轨迹会像其他朋友一样，一份稳妥的工作，身边一个可靠的人，每年年假时旅游几天，生活平淡熨帖。但小夏不愿意，“咱有一颗流浪的心。”于是这颗心就带着刚毕业的她出了国。

在出国前，小夏幻想的生活是无数的聚会，金发碧眼肌肉男端着酒杯过来搭讪；自己找一份工作，每天上班前踩着高跟鞋喝着咖啡冲进办公大楼；周末去学学钢琴，小提琴也不错，然后在家做点儿烘焙，烤点儿饼干，和新闺蜜们共商八卦。

现实在飞机落地时就击败了她，小夏拖着三箱子行李，里面装满了她的护肤品和裙子。从机场出来后，她不知道怎么看机场大巴，只好去等公交车。一个多小时的等待煎熬后，终于醒悟到新西兰公共交通极不发达，没有车寸步难行，小夏最终花了人民币四百多块钱搭的士抵达预定好的旅社。

那一小时在南半球阳光的暴晒中，小夏对美好西方生活的憧憬像冰淇淋一样，软塌塌地融化了，滴在手上，狼狈不堪。

青旅的生活没有几天，小夏的生活费捉襟见肘。她开始着急找工作，短短三周内，她换了三份工作：在华人餐厅端盘子，每天要工作到十一点，太累了，而且华人老板总克扣时薪，撤；在洋人的午餐店做前台点单员，第一天就刷错了客人的卡，老板脸色太难看，撤；礼品店里做销售总要面对挑剔的客人，选个护手霜都要四十分钟，烦人，撤。

小夏次次离职都情有可原，她发现自己不适合都市里的店员生活，于是转奔南岛，奔向茫茫草原的怀抱。

南岛的畜牧业和种植业比较发达，年轻人总会来这里寻找农场工作机会。小夏顺利地在苹果园找到一份工作，但是第一天，几十斤重的筐子把她的手臂弄出血痕，小木刺扎在肉里痛痒难忍。第二天，极强的紫外线晒得她脱皮，脸上、背上全是一片片红疙瘩，擦了两天的药还不见好，只好转道去基督城，到曲奇饼厂做包装女工。

这份工作还不错，就是站在流水线边，检查一下有没有空袋子或是包装错误，周薪轻松赚三千人民币。可是一个月后，小夏还是辞职了。因为大降温来得太猛，住的地方连暖气都没有，晚上彻夜难眠，早上六点开工的清晨，最终让她发烧了。

小夏在新西兰一共只待了三个月，在六月冬天来临前，她匆匆逃回正值夏季的日本。在这儿，她没有被金发碧眼帅哥搭讪，那些男孩只懂喝酒，以及约喜欢晒太阳的姑娘跳舞。她没有找到一份能让她踩高跟鞋上班的工作，本地人自己就业都有点儿难，更别提一个英语刚过四级，连工作经验也没有的外国人。她也没有做过一次烘焙，三个月来，她不断奔波找下一份工作，居无定所。

就这样，小夏离开了日夜煎熬的出逃生活，回归到温暖的家，那里有随时随地能买到衣服的淘宝，有合口味的饭菜，有坐在办公室轻松过活的日子。后来再有人向她询问出国事宜，她都会特别坚决地说：特别辛苦，就是去受虐的，一点儿意义都没有！

路在脚下，诗在远方

以后可能也不会再体会这样的生活，才要好好珍惜每一天。你要问我去何方，我指着大海的方向。

日本姑娘加藤是我的好朋友，她是个太典型的日本人，礼貌到有些慎言慎行，吃饭前一定会说“我开动啦”，表示感谢时连连弯腰。

加藤已经三十岁了，看起来却和二十几岁一样，一米五几的身高，娃娃音夹带着各种语气词，和男孩子说话还会脸红，捂着嘴不好意思地笑。

我认识她一年，她回了东京两次，参加两个妹妹的婚礼。

在大部分保守人士的思想里，大概会觉得两个妹妹都结婚了，姐姐却依然在外漂着，想想就着急。如果这些人知道她做什么工作，一定会跌碎眼镜。

加藤在酒店做客房打扫。

没错，就是客人离开后，负责铺床扫地，清理马桶浴室的那种。

跌碎眼镜后再让眼球跌落吧，加藤家境与里昂有得一拼，她父亲是日本一个知名电器公司老总，有好几个厂，每逢特殊日子，加藤还得穿上和服去参加不同的活动。

加藤就像日剧里那种千金小姐，为了自由冲破束缚。

说起来是这样，可是现实并不是太美。

加藤家规极严，在她少女时期，想打耳洞，妈妈给她一张纸，要求把打耳洞的原因、后果一条条全写下来。家人就像那些永不会飞错路线的行星，哥哥们子承父业，在不同部门负责事务，妹妹们嫁人做主妇，只有她，是个另类星球，四处乱飞，几次差点儿引起星际爆炸。

加藤学习非常努力，毕业后考取东京大学，读的是父母希望的金融专业，可是有一天她觉得没法念下去了，找不到读这些课程的意义，她甚至连基本课程都没法过关。瞒着父母，加藤肄业出去找工作，在一间公司实习，被父亲下属无意间发现，事情才曝了光。

全家震怒，将加藤关在家里，派一个佣人看着她。我几乎可以想象到这个看似柔弱实则倔强的女孩当时经历的一切，她在家里不发一言，不妥协，独自坐在房间里，日复一日赌气，气父母的不理解，气那个告密的下属，气自己为什么不做得更巧妙隐蔽些。

终于有一天，父亲想通了，打开门，看都不看她一眼，挥挥手让她走。

可是现在想想，那不是想通了，是放弃。

加藤默默收拾了行李，走了出来，扭头看看，门被关上，那一刻就像个慢镜头，把她隔绝到另一个世界。

她得到了一直以来想要的自由，可是忽然她不知道这玩意儿能把她带到哪儿去，甚至不知道要这东西干吗。

加藤决定先出门闯闯，再想后路，于是她来到新西兰，先上了半年语言学校，一路溜达，直到来到皇后镇，在酒店找到一份客房打扫的工作。

奇怪的是，东京大学都没法让她安安稳稳待着，打扫客房却让她留了一年多。日本人的严谨和细致非常适合这份工作，加藤很快成为“self-check housekeeper”，意即她打扫过的房间不用领导检查，自己负责就好。但是这份工作并不轻松，平均每10分钟要清理完整个房间，包括更换所有床单枕套，地板上不能有一丝头发，浴室镜子上不能留一颗水珠。每天8点到下午3点的工作时间，常常让她累的必须回家睡3个小时才有精力起来做晚饭。

这些事让父母没法理解，就连日本国内的朋友也没有办法理解她。

可是加藤很快乐，她自己算了个账，每周赚的工资，去掉房租，还剩三百刀，足够吃饭、旅游、喝酒、聚会，每天都开开心心的，“我在日本就算每周赚一千刀也不会那么开心呀。”

是的，因为从小没有吃过穷的苦，所以快乐对加藤来说就够了。

加藤其实不是一个文青或理想主义者，相反，她非常脚踏实地，自己主动选择的事情一定会做得几乎完美，各种问题思考得清清楚楚。但是只有一点，她非常有原则，而这个原则，就是自己内心舒不舒服。比如舍友手腕被割伤，当地小医院只能简单包扎，加藤果断推掉新男友的约会邀请，驱车三个小时去大医院处理。也比如被领导玩笑地拍脑袋，她会当着大家面直接回击，毫不顾忌面子。

加藤小心翼翼地保护着内心的敏感与诚实，做着其他人眼里的“怪咖”。

她和里昂，都是让我会仔细想一想的人，家境富裕却内心坚强的人，出门吃苦，似乎是一件让他们“很爽”的事情，因为知道自己退路几何，却想看看自己前路多少，闯劲十足，甚至比普通家境的人要更勇敢，带有一种洒脱气质。

第三章 逼自己一下，你才知道自己有多出色

你只有很努力，才配拥有未来

只有度过了一段连自己都被感动的日子，才会遇见那个最好的自己。

每次回家，都会跟发小见面。

她和我年纪相仿，早早结婚生子，如今她的儿子追着我叫阿姨，让我深刻感觉我与她已身处两个完全不同的世界。

但两个人夜里挽着手去逛街，逛累了心有灵犀地进茶楼，VIP茶座丝绒帘幕一拉，一杯香薰花草茶入口，百无忌惮聊起来，便知道她仍是当年那个爱漂亮、善良温柔、心思单纯得教人心软的女孩。

她说："我喜欢你的自由。"

我开玩笑："自由也有代价，你看，我挣得比你多，花得也比你多，未成家未立业，人生仍是一盘散沙。"

她不同意："可是你一个人生活，不受拘束，靠自己挣钱，做自己想做的事，爱自己想爱的人，这已是最大的幸福。”

年纪轻轻结婚生子，要处理的人情复杂，要忍受的家常琐碎，要面对的漫长而茫然的未来，我能想象。

她受了委屈，只能一个人哭，这我也知道。

有时，看到她发状态倾诉烦恼，除了安慰，我别无他法。

再好的朋友，也不能分担彼此人生。

所以，她也并不知道我独自在外忍耐了什么，熬过了什么，才有今日这般看起来毫不费力、自在幸福的模样。

不知道我要有多努力，才能换来她一句发自内心的“喜欢”“羡慕”。

人生大抵如此。

能放在台面上来说的，永远是外表的光鲜。

光鲜之下的辛苦努力，只能独自饮下，沉默品尝。

全球最著名的性感内衣品牌之一维多利亚的秘密在英国伦敦结束了它名扬世界的时尚内衣秀，数位被称为“维密天使”的超模们，穿上为她们量身定做的华美内衣，在T型台的闪光灯下走秀，赚足了全球女人艳羡的目光。

完美的面庞和身材，舞台上无可企及的耀眼光彩，名利双收的职业，谁人不艳羡？

没有多少人会去细想，为了以无可挑剔的满分状态站上世界性的舞台，维密天使们付出了怎样的努力：

隔绝美食，严格控制卡路里摄入，按照规定好的食之无味的食谱进餐，每日必须完成庞大的运动量和训练量。每一分每一秒，都必须努力维持身材，保养容貌，她们过的是片刻都不能松懈的日常生活——离普通人的日常足够遥远，所以才能置身于普通人触之不及的耀眼光芒之下。

这个世界当然不公平，你我都平凡如斯，没有她们那样天生的身高和美貌。

但这个世界也足够公平，即使是天生的超模，也必须支付代价，经受魔鬼般的自律训练，从地狱般的残酷竞争中脱颖而出，才够资格站上华丽舞台，接受万人瞩目。

这世上，从来没有“唾手可得”这回事。

他人眼里看起来唾手可得、值得羡慕的一切，其实你不知为它熬过多少夜，流过多少泪。但我们一定都宁愿对那些暗夜里的孤独和眼泪里的苦涩绝口不提，宁愿只让世人看到我们的骄傲，用掌声和赞美来满足虚荣，而不必让任何人来同情我们经受的苦。

因为，以最好最美的姿态站在所有人面前，云淡风轻，自信微笑，这是你我在暗夜里孤独前行、咬牙撑过所有痛苦的动力。

我们很努力，是为了让自己看起来不费力。

这样就好。

既然告别安逸，就别怕一路风雨

何不倒掉温情脉脉的鸡汤，把人生形容成一场残酷的冒险？告诉自己，假如只是坐在那里，什么都不想失去，什么也不“抵押”，坐在原地，只会让所有的梦想烂在腹中。

那天，无意间翻到卡梅隆的人生履历。

此前我对这位好莱坞大导演的印象仅仅停留于他拍出了当时世界票房最高的电影《泰坦尼克号》，后来又拍出《阿凡达》，刷新自己创下的票房纪录，总而言之，是一位很成功的商业导演。

翻完他的履历才知道，原来他还是单人抵达深海极限（马里亚纳海沟水下近1.1万米）的第一人。

这位疯狂的探险爱好者，曾经花20年时间研究泰坦尼克号，是世界上首次使用机器人进入海底沉船遗骸内部进行拍摄的人，他拍的探险纪录片，都是以自己的真实探险经历为题材。

而作为电影人，他革新了水下特技，为3D技术带来历史性突破，数次打破世界电影成本纪录，又数次打破世界电影票房纪录。

这是一种时刻都在“折腾”的人生。

“如果你总是担心，而不迈出那一步，那么，你什么都不会得到。”

从他嘴里说出来的这句话，完全是他人生的写照。他永远都在“迈出那一步”，不仅事业，感情和婚姻也是如此，他活得永远像一个孩子气的老顽童。

有人说，他的生命永远是抵押出去的，抵押给梦想，抵押给冒险，抵押给世界上最美好的事物，抵押给好奇心和对世界孜孜不倦的探索，最后，抵押给他所爱的妻子和儿女。

很喜欢“抵押”这个词。

热血漫《ONE PIECE》里的主角路飞出海冒险时，别人问他："你不怕死吗？死了就什么都没了啊。"路飞说："我有我的野心，有我想做的事，无论怎么样我都会去做，哪怕为此死去也不要紧。"

他说："没有赌命的决心就无法开创未来。"

我们活在这世上，何尝不是一场冒险，何尝不是在赌命，把自己的性命"抵押"出去，才能换来上天许诺的点滴收获。

把生死抵押出去，才能换一场人生；

把时间和努力抵押出去，才可实现一个梦想；

把爱抵押出去，换来另一份爱；

把苦难抵押出去，换未来的美好；

把恐惧抵押出去，换来波澜壮阔的冒险；

……

何不倒掉温情脉脉的鸡汤，把人生形容成一场残酷的冒险？告诉自己，假如只是坐在那里，什么都不想失去，什么也不"抵押"，坐在原地，只会让所有的梦想烂在腹中。

我们都不是大雄，都没有哆啦A梦，所以不能任性。把自己抵押给梦想和冒险，就不能再同时抵押给安逸现实。

但勇敢、自由、梦想、努力、志同道合的伙伴，难道不是人生最美好的事物？我们都是为了和这些更美好的事物在一起，才做出了最好的选择，像韩寒说的那样："和你喜欢的一切在一起。"

这是一个简单的道理：当你已经和人生里许多美好的事物在

一起，那么对于已经抵押出去的筹码，就不必再扼腕叹息。

一个人容易迷路，与人同行走得更远

多个朋友多条路，一个人可以走得很快，但与人同行才能走得远……你能整合别人，说明你有能力；你被别人整合，说明你有价值；你既整合不了别人，也没人整合你，那说明你离成功还有很远！

每个人都需要朋友。结识一些相互欣赏、有情有义的朋友对一个人的事业、生活是极其重要的。然而，人心有异，在交朋友之前，年轻人要学会洞察其是否有真朋友的心怀。只有选择了对的朋友，对我们才更有益、更有帮助。

交友时要有一定的识别能力。和一个人交往时要判断对方和你交往的动机是什么，是看重你的人还是别的。如果是纯粹看重你的钱和势或其他利益，那就不必深交。

应该明确的是，朋友的甄选并不能单凭你感情上的好恶作为标准。因为如果你只是凭自已喜欢与否来选择朋友，那会使你失去很多有价值的朋友。有的人可能你第一眼看上去感觉就不舒服，或者因为他模样长得怪，或者因为他不卫生，或者因为他语言不雅，但这只是你的第一印象，也许在你了解他以后，会觉得他是你最可信赖的朋友。

物以类聚，人以群分。看看对方周围都是些什么人，即可知道他是否值得你交。如果对方的朋友都是一些不三不四、不伦不类的人，他的素质就不会太高；如果他结交的都是些没有道德修养的人，他自己的修养也好不到哪里去。所以，了解一个人的朋友也就了解了这个人。

想了解一个人，还可以观察他是怎样对待别人的。人在得意时，特别爱诉说他与别人交往的情景，他说的时候是无意的，不会想到他与被说人有什么关系，所以，一般比较真实。

如果对方当着你的面说自己如何占了别人的便宜，如何欺骗了对方，等等，那你以后就得对他注意一点儿，他有可能也会这么对待你。

有一种人可能当面批评你，指出你的缺点来，却又在你面前夸奖别人的优点，你也许不愿接受他的这种直率，但这种人是非常值得信赖的，可以做你的好朋友。

要知道哪些人不可交，关键是要在生活中对其行为有比较理性的判断，如此你便会交到真正的朋友。

有所期待的人生，不会黯淡无光

梦想真的无关大小，只要你有，只要你为此去行动。无论何时，都尽力去滋养你的梦想，总有一天，它会反哺你的人生。

纯爱少女漫画《好想告诉你》中的女主角黑沼爽子，刚出场时，气质酷似《午夜凶铃》的贞子，是一个在班级里被孤立的人见人怕的女孩。但乍看气质阴郁的她，其实是个相当乐观开朗的孩子，即使被所有人忽视，嫌弃，也永远告诉自己，下次再努力。

座右铭是“日行一善”，梦想是变成一个爽朗的人，交到很多朋友，就像她憧憬的男孩那样。

她每天做的善行都相当可爱。

黑板每天是她在擦；花坛里的花，每天都是她放学后去照看；放暑假了，老师需要学生帮忙，没有人愿意举手，她怯怯地举手，此后每天顶着酷暑去学校；用心把笔记记得很详细，主动借给大家看；因为大家都叫她贞子，为了满足期待，她去图书馆借怪诞书，背下里面的恐怖故事，有机会就给人讲；夏季试胆大会，为了让所有人玩得尽兴，她一个人披散着头发穿着白色连衣裙躲在漆黑的树林里，等着同学经过时出来吓人；上学路上看到一只被遗弃的狗狗在淋雨，会把伞借给她，结果自己淋成落汤鸡……

沉默、温暖、可爱的日行一善，终于被所有人看在眼里，终于一点点融化了误解，消泯了界限，让她实现了交很多朋友的梦想。

变得爽朗，交到朋友，对大多数人来说，这几乎不能称之为梦想。

但梦想又何必分大小。

只要真挚，即使只是一个交朋友的梦想，也能让一个15岁的少女在青春的眼泪和笑容里蜕变出更好的自己。

只要真挚，日行一善的梦想和做一件伟大善事的梦想，也并没有区别。

梦想真的无关大小，只要你有，只要你为此去行动。

无论何时，都尽力去滋养你的梦想，总有一天，它会反哺你的人生。

去深圳出差，在客户的公司遇见一位20多岁的年轻助理，她说她的梦想是在30岁那年退休。我被这个奇葩的梦想惊艳到了，连忙问她打算怎么实现。

她告诉我，从大学开始到现在，她做过的工作不下五十份，当然大部分都是兼职。目前她收入的来源分别是：升职空间很大的全职工作，写书的版税，兼职广告策划，股票，基金，以及她从大学经营至今的网店。说要“退休”，其实只是辞去全职工作，其余的收入并不会受影响。

“如果不是这几年不断地尝试，我大概永远都不会知道原来我擅长的事情这么多，原来这么多途径可以赚钱。”

“不辛苦吗？”我问她。

“当然辛苦。大学那会儿，一天三份兼职，算是常态，还要抽出时间念书，研究股票基金。网店早就雇了其他人在管理，我一个人肯定忙不过来。每天的时间都挤得特别满，所以也觉得特别充实。”

如果是这样的话，退不退休都没有区别吧？我问她“退休”之后想做什么。

她笑了，“第一件事当然是环游世界。退休之前我是努力赚钱，退休之后，我想尝试去做更多不那么赚钱的事，去更多的地方，接触更多的人，然后在这期间，只要顺便赚钱就好了。”

你会觉得这个30岁就想“退休”的女孩懒惰没有志向吗？我

想不会。因为她30岁之前的人生履历，已经足够精彩。

她将自己的才能、时间、体力、精力、头脑、智慧完全利用起来，去实现那个多少有些奇葩的梦想，然后她真的可以过上梦想中的生活：赚够了钱，就去环游世界；旅行够了，就去做其他的事情，世界这么大，可以做的事情这么多，我相信她30岁之后的人生，会更加精彩。

等到老去的那一天，她坐在阳光下回忆一生。所有的片段就像烟火划过夜空，华丽璀璨，哪怕最终的结局是消逝，也已尽情绽放过，没有任何遗憾。

小时候我们诉说梦想，总是遥远到伸手不及，却在眼睛里熠熠生辉。那时，我们都期待自己长成更好的大人。

长大后再谈梦想，才知道有太多的人，已在追梦的半路失去踪迹。

宫崎骏《千与千寻》里有一句话：很多事情不能自己掌控，即使再孤单再寂寞，仍要继续走下去，不许停也不能回头。

用来谈论人生和梦想，刚刚好。

不许停，不许回头，要一直走下去。

走下去，才会看见光亮。

若你还有梦，此生就已值得庆幸。

掌握对不合心意的生活说“不”的权利

女人，这才是你要拼命修炼自己的原因——为了有朝一日，你有更多的选择，有对人生一切不合心意的选择说“不”的权利。

大学一位学姐，读书极有天分，志在成为专业领域的研究型学者，读完研究生，打算继续读博深造，谁知这个决定换来母亲一通哭天抢地，“你再读下去，哪个男人还敢娶你？”

学姐很难过，在微博上说，为什么嫁人比做自己想做的事更重要？为什么找到一个男人比实现自我的价值和事业的成功更重要？

庆幸的是，她没有妥协，以一股发狠的劲头告诉母亲：哪怕一辈子不结婚，我也要做我想做的事！

读博期间，她申请到国外一所名校的访问生名额，出国不久，又在那边参与了一个研究项目，与担任助手的欧洲留学生相恋，事业爱情两不误。

女人的归宿是什么？不是男人，爱情，家庭。

女人的归宿，是她自己。

任何人的归宿都应该是自己。

人这一辈子，山迢水远走到最后，都只是“自己”两个字，能对你的幸福负责的，也只有你自己。

如蒋方舟在《为什么要成为妖孽》里说的：女人修炼自己，不是为了在爱情里功成身退，安身立命，而是为了不需要爱情和男人也可以活得骄傲自由。

你当然可以追求爱情，但要在独立、自由、快乐、骄傲的前提下，找到一个和你肩并肩、与你平等对话的人。

否则的话，请你回过头来修炼自己：旅行、读书、处理工作及家事，追求梦想，实现价值，存足够的钱，为自己一掷千金，滋养自己的容貌、生活和心灵。

因为这个世界给予女人的资源、对女人的要求，对女人价值的评判标准，并不公平。它要求你像男人一样努力生存，竞争，奋斗才能出人头地，却在同时又要求你不必那么努力，要甘居于男人之下，才能受到青睐。

有趣的人生总要有几次义无反顾

以梦为马，去做那些让你义无反顾的事，哪怕今日天涯，明日海角，也好过内心颠沛流离于尘世，无梦可依。

曾听朋友Lovisa讲过她的一段见闻。

她在英国留学打工时，常常在假期出门旅行。有一次她决定去挪威，但挪威酒店很贵，于是她想起了“couchsurfing”（沙发客）。

Lovisa发出了几十份couchsurfing的申请，最终收留她的是一个挪威的四口之家。令她相当惊喜的是，四口之家的男主人居然是一位挪威海军军官，这让从小就迷恋海军的Lovisa兴奋到不行。

不料来接她的不是男主人，也不是女主人，而是一位来自泰国的Nanny，同为“欧洲漂”的亚洲女孩，Lovisa和她一见如故。

两人夜里在沙发上分享事物，聊了很多彼此的事。泰国姑娘说她精通四国语言，她告诉Lovisa，她的专业是国际教育，梦想是让更多的泰国孩子学会外语，走出来看看这个世界。就像她一样。看看这个世界到底有多大，而他们在国内的烦恼又是多么的渺小。

泰国姑娘的双眼熠熠生辉。Lovisa却湿了眼眶。

描绘梦想，我们总是习惯呕心沥血，生怕不能把自己感动得泪流满面。

但实际上，若用最通俗的语言描述梦想的含义，无非就是做你想做的事，过你想过的生活。

为此，无怨无悔。

过一场没有重复的人生，为喜欢的工作远走非洲，印度的某一次跳车经历，让更多孩子出来看看世界的愿望——所有赐予你热情、给予你动力，让你义无反顾想要实现的事，都可以是梦想丰满的羽翼。

第四章

所谓奇迹，就是“越努力，越幸运”

昨天的我你爱答不理，今天的我你高攀不起

最狠也最让人释怀的报复，不是针锋相对、以牙还牙、以血还血，而是让自己站到他们不可企及、只可仰望的位置上。

一位网络画手，年纪轻轻就出版了一部畅销漫画，靠版税养活了全家人。在此之前，因为家境不好，她没有钱学美术，只能靠自学，靠接一些画漫画的兼职活来磨炼画技，最初连画板都是借钱买的。

像所有怀抱梦想的傻孩子一样，她撞过无数堵墙，被无数人否定。父母要求她收起画画的心思，好好学习，考上大学，找一份稳定工作；老师说她画得太烂，根本不可能当漫画家；身边的人也都嘲笑她，劝她别做白日梦。

但她到底还是咬牙坚持，用无可置疑的结果让所有人闭上了嘴。

有人问她，是否怨恨那些曾经阻碍、否定她梦想的人。

她说，当初的确恨得不行，一心只想着有一天功成名就，要把我最好最畅销的作品狠狠摔到他们脸上，趾高气扬地说一句：“当初是谁说我成不了漫画家？”痛痛快快出一口恶气。可是，等到我真的如愿成为漫画作者，拥有自己的粉丝，可以尽情画画的时候，心里已经没有怨恨了，反而觉得感谢，因为如果当时没有他们的嘲讽和否定，我也不会拼到这种程度，不会这么快实现梦想。

努力的前提，是要做对选择

方向不对，努力白费。在绝望中寻找希望时，先想清楚自己想要什么，再坚定地去追求它。这对于个人来说，就是一种最睿智的选择。

所谓取舍，其实就是一种选择，在得到与放弃之间做出自己的抉择。我们每个人想要的东西都很多，可真正属于自己的又能有多少，或许不过是沧海一粟。

“鱼，我所欲也；熊掌，亦我所欲也。二者不可得兼，舍鱼而取熊掌者也。生，亦我所欲也；义，亦我所欲也。二者不可得兼，舍生而取义者也。”孟子通过鱼和熊掌的不可兼得，引申到生命与义之间的选择，得出的结论是，舍生取义。

虽然生活中很少有人会遇到在生命与正义之间做出选择的机会，但选择无处不在。面对生命，有时也需要抉择，在躯体的完整与生命的延续间，需要取舍；同样，面对丰富多彩的世界，会面临许多选择。比如在读书的时候，我们要选择学校专业。在毕业的时候要选择继续深造还是马上就业。在生活中，我们要选择恋人和朋友。到了人生的暮年，我们同样要面临各种选择，是独享晚年还是与儿女们共同度过等问题。

每当面对取与舍时，很多年轻人都会在有意无意地做着选择，因为取意味着得，舍意味着失，于是在取舍之间，我们自然而然地趋向于前者。然而，生活这门艺术并非如此简单，生活并不像一加一等于二那么一目了然，生活当中的取舍艺术，也并不是取与得、舍与失的一一对应关系。生活当中的有关取与舍的艺术，需要我们用自己的智慧和力量去实践。

当鱼和熊掌不能兼得时，年轻人应学会放弃，当有所为，有所不为。我们失去的，会有回报，不要悲观地感慨“不可兼得”地失去，要乐观地看到“失之东隅，收之桑榆”。

仔细观察就不难发现，成功者往往有着很强的紧迫感，他们一旦认识到所面临的事情有价值，就会全身心地去奋斗，巧妙策划，不怕挫折，直至达到目的。

美国著名的心理学家、哲学家威廉·詹姆斯曾经说过：“明智的艺术即取舍的艺术。”在很多时候，都要做到适度的取舍。如若不能很好地面对生活中各种纷繁复杂的事物，不能对这些事物进行适度的取舍，那么我们在生活中的表现就不能算得上是明智的。那些不懂取舍之道的人也不能算得上是生活中的智者。

在人生道路上，当面对种种取与舍的选择时，我们必须认认真真地加以选择。只有合理适当地进行取舍，我们才能走上正确的人生道路，尽享人生道路上的种种乐趣。

面对机会的来临，我们常有许多不同的选择。有的人会默默地接受；有的人抱持怀疑的态度，站在一旁观望；有的人则顽固得如同骡子一样，固执地不肯接受任何新的改变。而不同的选择，当然导致迥异的结果。许多成功的契机，起初未必能让每个人都看得到其深藏的潜力，而起初抉择的正确与否，往往便是成功与失败的分水岭。所以，有时候，如果我们可以放弃一些固执、限制甚至是利益，反而可以得到更多。所以，在我们面对很多选择的时候，不要固执地去选择其中的一个，换一种角度，试着去放弃一些，效果会更好。

没有公主的命，就别随便犯“公主病”

女人都是多面能手。因为她们不知道，生活会在什么时候对自己提出苛刻的要求。

创意天后李欣频曾在她的书里写，要脱离糟糕的现状，最好的方法不是逃避，而是想办法让现状变好，好到你不想离开的地步，这样一来，不知不觉你就会发现，自己已经脱离了现状，踏入了更好的未来。

如果你自己不改变，逃避一种糟糕的境遇，结果很可能只是让你落入另一种糟糕境遇。

不知道你有没有思考过这个问题：你将来想成为什么样的女人？当父母的小公主、男友的小宝贝，轻松工作，享受生活，遇到不顺心的事就撒手不干？还是独立自主、可靠优秀，靠自己闯出一片天地的女人？

我并不是要评判哪一种更好哪一种更坏，要知道，女人可是相当复杂的生物，决不仅仅只有一面。

我有一个朋友，是时下常见的“女汉子”。身为销售主管，她的工作作风相当强悍，在公司说一不二，和客户应酬时八面玲珑，喝起酒来以一挡三，男人都不是对手。但就是这样一个女汉子，最大的爱好却是料理，每次和她出去玩，她总要带些自己做的精致小点心分给大家，平日里我们也经常收到她做的泡菜或者寿司，而且她最喜欢的颜色居然是粉色，工作之外的衣服、包包，几乎都是粉色系，在男友面前，完全就是一个娇滴滴的小女人。

你是不是觉得这样的人很奇葩？女人都是多面能手。明明觉得化妆好麻烦，但一定会努力学习打扮；明明是个吃货，却仍然会费尽心思保持身材；不喜欢穿高跟鞋和裙子的女汉子，在必要的场合也会迅速变身成优雅妩媚的女人；就算是个工作狂，也一定会抽出时间来享受生活的一点儿小情趣；就算日常生活中懒得不行，也一定会很努力地去学习和尝试新鲜事物……

因为她们不知道，生活会在什么时候对自己提出苛刻的要求。有时，你必须成为可靠的人，让上司同事客户都信赖你；有时你需要有强健的身体，强大的心灵，应付生活中的各种难题；你要玩得来小清新，装得了女王范儿，得温柔体贴，知冷知热，在外表上费工夫，花时间丰富内心，让自己成为一个让人惊喜、值得交往的人。

你看，要成为不错的女人，一点儿都不简单呢。

和这样的女人相比，童话里的公主是不是显得很苍白？

不要再将女上司的苛刻看作天大的烦恼，你已经到了可以认真思考这个问题的年纪：不久的将来，你想要成为什么样的女人？

知道自己的美好，无须要求别人对你微笑

并非所有的努力都必须求得一个完美的结局。仅仅成长了自己，也不失为最好的结局。

很多时候我们以为，做一份工作，实现一个梦想，爱一个人，过一场人生，这一切必须指向某个阳光灿烂的结局，否则就是失败，否则就不值得。

其实不是的。

并非所有的努力都必须求得一个完美的结局。

仅仅成长了自己，也不失为最好的结局。

前段时间，身边的人都念叨着一句网络流行语：“累觉不爱。”失恋了，对爱情累觉不爱；工作太忙，压力太大，对工作累觉不爱；一个人苦拼，看不到未来，看不到希望，对梦想累觉不爱……

所有横亘在人生路上的障碍，都会变成“不爱”的理由。

但你听杜拉斯说：“爱之于我，不是肌肤之亲，不是一蔬一

饭。它是一种不死的欲望，是疲惫生活中的英雄梦想。”

世人都以为她说的是爱情，但我却觉得，她谈论的是人生。

有时我们奋不顾身去追逐，去努力，固然是为了得到一个童话般的结局，得到成功和幸福，但谁也不能保证每一次追逐都能指向圆满结局。

现实往往是：追逐不一定就能得到，努力不一定就能有收获，甚至你拥有的一切，都可能随时失去。

人生的失去、失败，多少带着不由分说地意味，让你早有预感，又猝不及防。

你只能接受，独自吞饮苦果。

但每个人也都是在这条路途上一点点成长，一点点蜕变，最后变得光彩耀目。

别害怕迈出脚步。

所有的结局都是最好的结局。

你的恐惧来源于想象

过去的岁月看来安全无害，被轻易跨越，而未来藏在迷雾之中，隔着距离，叫人看来胆怯。但当你踏足其中，就会云开雾散。

未来的自己，哪怕是明天的自己，都有可能比今日的自己更厉害、更坚强吗？

今日弱小的我看到的如天崩地裂般恐怖的痛苦和灾难，在未来强大的我眼中，或许只是不值一提的烟云呢。

高中时期的同学，前段时间远赴伊斯坦布尔。关于那座横跨欧亚大陆的城市，她和我一样，只在周杰伦歌里听到过，“就像是童话故事，有教堂有城堡”，除此之外，一无所知。尽管如此，她却不顾家人反对，走得义无反顾。

选择伊斯坦布尔，并没有什么非此不可的理由。不是伊斯坦布尔，新德里也可以，布宜诺斯艾利斯也可以。只不过恰好她拿到了伊斯坦布尔孔子学院的申请，而且恰好交了个伊斯坦布尔的男友，于是就去了。

她的梦想一直没有确切的模样，唯一可以确定的是：梦想一直在远方。

出国之前，她邀请朋友们聚餐，大家都问她，怎么能这么轻易就做出决定呢？难道你不害怕吗？为什么非得去那里工作呢？国内难道没有好工作？一个女孩子家，独自去那么远的地方，谁也不认识，一个亲人朋友都没有，万一出什么事，万一男友对你不好，万一工作丢了，可怎么办？

她说，她的爸妈当时也是这样说的。其实，她自己也知道，值得担心害怕的事情的确太多了，真要说起来，三天三夜都说不完。

“但是，你们知道吗？”她轻轻微笑，表情安然，“对梦想和远方的身不由己的向往，会压倒所有的恐惧。”

如今，她同时在孔子学院和汉堡王市场部拥有两份截然不同的工作，嫁给伊斯坦布尔的男友，生下一个漂亮的混血儿，事业、生活都顺遂得很。

自然，父母和朋友担心害怕的那一切，全都不曾发生。

有人说，梦想就像一场试探，看我们能够付出多少不求回报，坚持多久不问结果。

看着她，却让我觉得，梦想更像一场豪赌。

付出一切，只为了赌一种可能性。

而仅仅是那一种可能性，就值得付出所有。

身边的很多人都不敢任性，慨叹着曾经的梦想渐行渐远，自己却被生活的琐碎和生存的压力困住，寸步难行。其中理由各种各样，但归根结底无非是恐惧：对失去的恐惧，对未来的恐惧。

其实，不必为自己找理由，错失梦想，那就错失。或许这错失会延续一生，或许，某一天你会找到一个契机，人生忽然柳暗花明。等到那一天，你会发现，所有的恐惧、担忧和害怕，只不过是因为你对梦想还不够挚爱。

一切恐惧都来源于想象。

可不是嘛。都是想象。

感受人生，享受人生

人生太过复杂，我也不是万事明了，能送给你的只有四个字：好好感受。

他在演艺圈并不红，但身价颇高，口碑极好，算是很有名的演技派。

早些年，他其实是红过的。那时他还是初出茅庐的演员，一次偶然的机会，被邀请出演一部网络爱情剧的男二号，这部剧在网络上播出后，意外的火了，他也因此而走红，接到不少活动和片约。

就在演艺事业正要步入佳境之时，他做出惊人决定：暂时辞别演艺圈，孤身前往国外读表演学校。

全部积蓄都投入到学费上，断了收入来源的他为了赚取生活费，开始在课余时间四处寻找打工机会。餐厅、搬家公司、便利店、加油站……几乎全都涉足过。

等到学成归国，他才知道那部网络剧拍了好几部续集，男二号换了人，照样被捧红。而他如今也已被人淡忘，连份拍戏的工作都难找。

朋友都说他傻，此前放着大好机会不利用，偏偏跑大老远去学表演。这下可好，赔了夫人又折兵。

他只是笑一笑，并不反驳。心里清楚得很：离开就会被淡忘的走红，并不值得留恋，从一开始，他就不想当一个只有脸好看的偶像。

那段时间，他没有片约，只是每天默默去剧场排练。

剧场的新话剧，他担任主演。那还是他在国外表演学校时接到的角色。当时一位在国内还算出名的话剧导演去学校参加一个活动，他主动找导演攀谈，两人相谈甚欢，导演当时正好有意起用新人，他几乎是顺手就接演了导演下一部话剧的男主演。

一部小众的话剧当然不能让他受到瞩目，却在他的表演履历里留下了重要一笔。此后，开始有导演找他拍文艺电影，有编剧指名他出演某个高难度的角色。他的片约仍然不多，他仍然不怎么红，却已在属于他的领域静静散发光芒。当年那个网络爱情剧里的奶油小生，如今已经变成一个成熟的男人，味道十足的演技派。

后来，他在一次采访中被问道：对自己的选择，有没有后悔过？

他很干脆地回答：没有。

记者不肯罢休：可是，当初如果你不出国学表演，没有耽误那几年，现在很可能已经是粉丝无数的大明星了。

他笑了，我不适合做大明星，我只想做一个演员。

说完，他提起一件事。

其实他之所以选择去国外念表演学校，是因为那个国家有他最崇拜的演员。入学后，他曾经提笔给那位演员写了一封很长的信，叙述自己的经历、想法、梦想，以及对他的崇敬仰慕之心。没想到演员竟然写了回信给他，信上说："人生太过复杂，我也不是万事明了，能送给你的只有四个字：好好感受。"

好好感受。

多好的四个字，简直把人生道尽。

人生万事，苦乐、悲喜、得失，怎么计较得清楚呢，你说他放弃如日中天的名气远赴海外学表演耽误了星途，是失，他却觉得那段海外学习的经历让他成了一个真正的演员，就连困窘时四处打工的经历都没有白费，它们全都会成为演技的养料和灵魂，所以这个选择毫无疑问，是得。

怎么可能分得清楚？不如只是好好感受。

得也好，失也罢，都去感受，都让它在途中。

所有的得都不是最终的得，所有的失也不是最终的失。

第五章

你要相信，没有到不了的明天

这世上有人说，要过好1%的生活，专心致志，有志者事竟成。有人说，要去看99%的世界，读万卷书，不如行万里路。

于是有人问，到底应该过好1%的生活，还是去看99%的世界？

要我说，最好不问。

人生不过是一场赌局，不上场赌一把，你不会知道结局。

能够做到的只是：感受一切，体验一切。愿赌服输，莫道遗憾。

兜兜转转，做回自己

人生为何要成为一场比较，为何一定要向着一个辉煌的终点进发？人生最好是一个过程，一个寻找答案、慢慢做回自己的过程。

认识两位做设计的朋友，一男一女。男设计师是典型的双子男，嘻嘻哈哈，思维跳跃得很，做出来的设计作品才情满分，用他的话来说，叫有“feel”。可是，面对客户的意见或刁难，他总是最先炸毛的那一个。

“他们懂什么呀？”

“凭什么说我的设计不好？”

“那些人根本不知道什么才是出色的设计！”

……

诸如此类的抱怨。

所以他的上司从来不让他和客户直接对接，怕他一激动就把客户给得罪了。

女设计师和他正相反，她不仅不讨厌客户提意见，甚至还很喜欢主动和客户沟通交流，设计做出来，耐心地一遍遍改，从无怨言。

问过她：“别的设计师都很看重自己的作品，会有骄傲、坚持，你怎么不这样？”

她一脸坦然地说：“因为我想要的东西和他们不同。”

后来，她升职了，设计总监。

此时我才明白她想要的是什么。

而那位总对客户炸毛的男设计师，仍然留在原来的职位上，但他设计出来的作品得了大奖，指名找他的大客户多了，报酬也跟着水涨船高。

女设计总监说她还有更大的目标：成为公司高层，在更大的天地里施展拳脚。而那位不肯妥协的男设计师也计划着将来自己独立出去，开一间设计工作室，他说，到时候只做好案子，绝对不给一群什么也不懂还喜欢指手画脚的人提供服务。

看着他们二人，你会发现你无从去比较谁更成功，也没有办法预料谁的前途更辉煌。

你会发现世俗的比较是无意义的事。

因为，你看到他们个性鲜明，目标明确，一心一意做自己想做、也适合自己做的事，无论结果如何，你都会忍不住为他们叫好。

每个人都活出不一样的风景，这样多好。

看一看四周，人们都走着差不多的路，读书，工作，努力从一枚职场菜鸟逐渐变得独当一面，游刃有余。

但逐渐地，我们都会走上不同的分岔路。有人向着赚钱的路狂奔，梦想着有一天叱咤风云，改变世界；有人只想在一方小小天地里做到极致；有人为工作砍掉多余的生活；有人放弃体面虚荣，沉下心来经营自己；有人在人群里如鱼得水，靠一张嘴就可翻云覆雨；有人则愿意退守自我，在静默里完成自己的人生作品……

那么多种方式，每一种都有它不可替代的精彩。

关键是，要看见那种方式，看见那条路，然后迈步走过去。

记得高更说，怎样去活，其实是没有答案的。

深以为然。

没有答案，是因为我们都只能一直走在寻找答案的路上。

人生为何要成为一场比较，比谁赚得更多，谁职位更高，谁得到的名利更大，为何一定要向着一个辉煌的终点进发？

人生最好是一个过程，一个寻找答案、慢慢做回自己的过程。

我们都要花很长的时间，走很远的路，才能最终成为自己。

但只要你愿意相信，那么总有一天，我们都会做回自己。

没有什么不可能，如果付出，静待绽放

时日且长，日头每日升起又落下，落下又再升起。我们何不耐心等待，就像盛装打扮，走很长的路，去等待一场日出或日落。

或许我们都是这样，活在一个停不下来的世界里。

周云蓬曾在《绿皮火车》里描述："曾经有那样的生活，有人水路旱路地走上一个月，探望远方的老友；或者，盼着一封信，日复一日地在街口等邮差；除夕夜，守在柴锅旁，炖着的蹄膀咕嘟嘟地几个小时还没出锅；在云南的小城晒太阳，路边坐上一整天，碰不到一个熟人；在草原上，和哈萨克人弹琴唱歌，所有的歌都是一首歌，日升日落，草原辽阔，时间无处流淌。"

读之令人心生向往。

而在一个停不下来的世界里，你会读到许多加班猝死的消息，会听到许多为事业名利毁掉健康壮年早逝的悲剧，会看到网上有人正儿八经地说，如果一个人没有秒回你的信息，就证明他不在乎你。

每个人似乎都失去了耐性。

梦想恨不得一日成真，事业恨不得一跃千丈，感情最好今天见面明天就说我爱你后天就定下终身。

生怕等下去，一切就都来不及了。

时代当然变了。今天的我们，不再需要花费漫长时日去等待一封信、等待一个人，只要打开微信、QQ，发出去几个字，立刻就能得到回应；想联系谁，只要按几个键，即使他在地球另一面，也可以立即说上话；想见谁，高铁、飞机，再远也不过数个小时的事。

但人与人之间的情谊并未改变，时间的流逝方式并未改变，四季并未改变，自然和人生的规律并未改变。

一个梦想，仍要浇灌心血和信念，付出努力，才能变成现实。

一段感情，仍要花费时间和精力，用心经营，才能日渐深厚。

好比等待一棵树的成长。你不能越过种子发芽这一步，也不能越过它每一步的成长，所有树的种子，都必须经历时间、四季、阳光风雨，扛过每一次天灾人祸，才能长成参天大树。

等待的过程，很慎重，也很隆重。

三毛说，生活是一种缓缓如夏日流水般地前进，我们不要焦急，我们三十岁的时候，不应该去急五十岁的事情，我们生的时候，不必去期望死的来临，这一切，总会来的。

用心浇灌一颗种子，它总会发芽。

静静注视一朵花的开放，它总会开放。

耐心等待一个梦想的绽放，它总会绽放。

何必着急?

时日且长，日头每日升起又落下，落下又再升起。我们何不耐心等待，就像盛装打扮，走很长的路，去等待一场日出或日落。

反正它总会到来。

一切都可以来得慢一点儿，只要它是真的。

别被“办不到”禁锢了手脚

拒绝说“办不到”，不给自己找借口，展现出与众不同的工作精神和态度，是成就出色的事业第一步。

渡过人生难关的人一定是一个拒绝说“办不到”的人，在面对别人都不愿正视的问题或者困难时，他们勇于说“行”。他们会竭尽全力、想尽一切方法将问题解决，等待他们的也将是努力后的成果、付出后的收获。

实际生活中，许多人的困境都是自己造成的。如果你勤奋、肯干、刻苦，就能像蜜蜂一样，采的花越多，酿的蜜也越多，你享受到的甜美也越多。如果你以“办不到”来搪塞，不知进取，不肯付出半点儿辛劳，遇到一点儿困难就退缩，那么你就永远也品尝不到成功的喜悦。

失败者的借口通常是“我能力有限，我办不到”。他们将失败的理由归结为不被人垂青，好职位总是让他人捷足先登。那些意志坚强的人则绝不会找这样的借口，他们不等待机会，也不向亲友们哀求，而是靠自己的勤奋努力去创造机会。他们深知唯有自己才能拯救自己，他们拒绝说“办不到”。

文杰在一家大型建筑公司任设计师，常常要跑工地，看现场，还要为不同的客户修改工程细节，异常辛苦。但她仍主动地做，毫无怨言。

虽然她是设计部唯一的女性，但她从不因此逃避重体力的工作。该爬楼梯就爬楼梯，该到野外就勇往直前，该去地下车库也是二话不说。她从不感到委屈，反而挺自豪，她经常说："我的字典里没有'办不到'这三个字。"

有一次，老板安排她为一名客户做一个可行性的设计方案，时间只有三天，这是一件很难做好的事情。接到任务后，文杰看完现场，就开始工作了。三天时间里，她都在一种异常兴奋的状态下度过。她食不知味，寝不安枕，满脑子都想着如何把这个方案弄好。她到处查资料，虚心向别人请教。

三天后，她虽然眼里布满了血丝，但还是准时把设计方案交给了老板，得到了老板的肯定。

后来，老板告诉她："我知道给你的时间很紧，但我们必须尽快把设计方案做出来。如果当初你不主动去完成这个工作，我可能会把你辞掉。你表现得非常出色，我最欣赏你这种工作认真、积极的人。"

因做事积极主动、工作认真，文杰已经成为公司的红人。老板不但提升了她，还将她的薪水翻了三倍。把"办不到"这三个字常常挂在嘴边，其实是在处处为自己寻找借口。事实上，世上之事，不怕办不到，只怕拿借口来取代方法。

这个故事告诉我们，自己的命运掌握在自己手中。只要你勤奋、肯干，积极寻找问题的答案，而非一味地给自己找借口、推脱责任，你就会品尝到成果所带来的喜悦感。

很多人遇到困难不知道去努力解决，而只是找借口推卸责任，这样的人很难成为优秀的人。许多成功者，他们都有一个共同的特点——勤奋。在这个世界上，勤奋的人面对问题善于主动找方法。勤奋的人拒绝找借口说“办不到”，勤奋的人最易走向成功。

“办不到”是许多人最容易寻找的借口，它体现出了一个人所具有的自卑感和怯懦性，缺乏自信的人能否做出出色的事情呢？答案恐怕只有一个：“只要有借口存在，他永远不可能出色。”

我们都一样，年轻又彷徨

迷茫本就是青春该有的样子。有时候你想，人生是不是就这样了。但是岁月终有一日会告诉你，人生不会只是这样。

在大理，我曾经遇见一个女人。她三十来岁，容貌不显年轻，却别有一种风情和韵味，像岁月酿就的酒，味道都藏在深处。她和外籍丈夫一起在那里开了好几家店，大家都叫她老板娘，我也跟着这么叫。深夜的酒吧，她点上一根烟，聊起自己的过去，轻描淡写，我却听得惊心动魄。

幼时，父母离婚，父亲再婚，母亲改嫁，她跟了母亲，却和那个脾气暴躁的继父相处不好，弟弟出生后，她在那个家中更无处立足，结果被母亲送到寄宿学校，从此回家的日子屈指可数。没有人照顾她，没有人挂念她，她只好将所有的时间都用来拼命读书，为了考上大学，彻底离开那个家。

上大学后，她一次都没有回去过，独自在外打拼。二十出头的年纪，她结过一次婚，和大学的学长。几年后，学长开公司，为了支持他，她将自己工作以来存下的钱全都押进去，谁知公司没开成，学长被合伙人骗走了所有钱，而她收到的却是一纸写着她名字的欠条和一张离婚协议书。

关键时刻只顾自己的男人，将她背叛得彻彻底底。

还完债的那一天，她离开了那座城市，一无所有的来到大理，从摆地摊重新开始，直到开了第一家店，直到遇见现在的外籍老公。

我现在，过得很好。最后，她这样说。

我当然相信她过得很好。

只是不知道在全世界都抛下她的时刻，她是否觉得人生无望，是否怀疑她的青春到底有什么意义。

不知道她一个人怎么撑过那些最寒冷的时光，又是怎么从迷茫里重新找到出发的方向。

我的朋友，我有时想，我们的三十多岁是什么样子呢。是不是也会像这个女人一样，容纳了一切，生命逐渐变得像一坛酒，浓郁香醇，却也有凛冽风味。

我并不能越过时光和流年，去到未来，指着你那已经变得成熟、智慧、风情万种的人生，然后告诉你，你看，我说过的。

我只能和你一起去相信，我们终将经历一切，而那些经历过的事，好的，不好的，都会发生化学反应，让我们变成另一个自己。

你说现在的你连动弹的勇气都没有。那又怎样呢？勇气也可以深藏内心。只要你念念不忘，终会有回响。

至少，你知道眼下的日子不好过。

至少你还没有认命。

束手无策，那就继续无策。万分痛苦，那就继续痛苦。茫然无措，那就继续茫然。

要更用力地活着。

要去相信，终有一天，这铁板一块的日子会出现裂缝，会透进光。

让脚步慢下来，心情静下来

在有限的时间和精力里，给自己一点儿慢下来的时光。你并不需要用艰苦的努力去感动别人，感动岁月。你只需要按照自己的方式和节奏好好生活，就已足够。

读苏静的《知日》系列，读到一个可爱的故事：

日本职业拳击界有一位名叫高岛龙弘的拳击手，他在高中时期，就已经获得大阪职业拳击比赛的冠军，被媒体称为“拳击少年”，小小年纪十分厉害。

但是，在成名之前，龙弘其实有过一段奇遇。甚至可以说，正是这段奇遇，成就了日后的职业拳击少年。

13岁那一年，他曾经离家出走。

出走的理由，是因为压力太大。当时，他在家里五个兄弟中排行老三，因为父亲在他上小学的时候就去世，龙弘从小就肩负着照顾两个弟弟和练习拳击的重任。到了13岁，他终于因为家庭和练拳的双重压力，穿着制服就离家出走了。

漫无目的在外游荡着，当他走到隅田川大堤的时候，已经身无分文，肚子也饿得厉害，但他实在不想就这样回家，一想到回家之后需要面对的一切，他就觉得，还不如饿肚子更好。

游荡中，遇见一位50岁左右的流浪汉大叔，于是龙弘央求大叔收留他。大叔虽然对突然出现在面前的少年感到吃惊，但也很爽快地同意了。

从此，龙弘开始了流浪汉的生活。

白天，他和大叔一起去便利店乞讨过期的便当，晚上就在大叔的帐篷中裹着毯子睡觉，没有心情外出的时候，一老一少也会在一起聊聊天，但龙弘从来没问过大叔为什么会沦为流浪汉，而大叔也没问过龙弘为什么离家出走。

两个人默契地一起生活了大半年，其乐融融。

直到有一天，大叔突然平静地对龙弘说："是时候回家了吧，家人和朋友在担心你呢。"

听到大叔这么说，龙弘才忽然记起家中的弟弟和一起练拳的伙伴，他惊讶地发现，当初离家出走时的绝望不知什么时候消失了。如今他回想起过去的生活，只剩怀念和眷恋。

他想，是时候回家面对一切，重新振作起来了。

后来高岛龙弘在大阪的职业拳击比赛中获得冠军，在接受采访时，他特意感谢了当初帮助过他的流浪汉大叔。

只是那位大叔这时已经搬离隅田川，不知道又流浪到哪里去了。

当流浪汉的体验，什么也不做、什么也不追求的时光，净化了拳击少年的心灵，给了他重新振作的力量。这听起来像是日式小清新励志电影才会有的桥段。

但我相信这是真的。

龙弘也好，我们也好，谁都是铆足了劲走在人生路上，一刻不敢懈怠，只因为父母和社会说，时间就是金钱，要努力，要进取，要比别人更好、更快、更厉害，就必须付出比别人更多的辛苦和磨难。

但其实，我们都害怕承认这一点：我们只不过是害怕被落下，被嘲笑，被蔑视，才不肯安逸，甘愿吃苦受难，让自己拼了命地往前跑。

但是，人生有时像一根绷紧的弦，绷久了，会断。

平常心有多难得呢?

人生真的不只有一条狭窄的路可走，这世间也并非只有一种成功的方式，并非成功就能拥有一切，失败就会失去一切。

是谁说过，我们生来普通。拔尖的人永远只是极少数，大多数人都只是普普通通度过一生。所以，不要用成功的压力把自己逼迫得无路可走，不要逼迫自己热爱生活。在有限的时间和精力里，给自己一点儿慢下来的时光。

你并不需要用艰苦的努力去感动别人，感动岁月。

你只需要按照自己的方式和节奏好好生活，就已足够。

冬天来了，春天还会远吗

我希望有一天，无论梦想是否已经被时间的洪流席卷而去，我都能在这里，一直在这里。永远不离开。

前几天参加编辑部的联欢会，有几个女孩唱刘若英的《后来》。她们唱：而又是为什么，人年少时，一定要让深爱的人受伤？我想起了友人和那个她已经淡忘了样子的男生。我惘然地微笑，在那样热闹的气氛里，在那几个不谙世事、年轻得一塌糊涂的女孩的没心没肺的歌声里。

而又是为什么，人年少时，一定要让深爱的人受伤？因为苍老的上帝嫉妒年轻人的青春，所以不肯赐予他完美的幸福吧。——权且把这个作为答案。因为追究答案也没有意义了。只希望她能过得幸福——相信她终于找到了自己的幸福，不枉当年他们所受到的心灵的苦楚。

我们都在等待春天。电话里，出书的同事在跟我抱怨出版社的效率："本来计划在几个月前就要出版的，可是一直等到现在。在我最嗷嗷待哺的时刻，他们将美餐高悬于头顶，看得见，闻得着，可就是不能果腹充饥。现在饿过了，纵是山珍海味，也没有感觉了，没有用了。"

我又想起余华刚出道时，编辑动辄将他的文章改得面目全非，他急谋发表，敢怒而不敢言，甚至让他重写他都不能说什么。后来成名了，编辑想改动一个字，都要电话跟他商量。我安慰他，我说：“你总有一天也能做到的，到时候你就坚决不让改动，连标点符号都不让改，连错别字都不让改。”

可是现在，我们仍需要默默地“忍冬”，等待春天。

我有时会问自己：为什么渴求成名？为什么想要广为人知？当我不再年少痴狂，虚荣心慢慢消退，为何对转瞬即逝的“名”仍那么偏执，孜孜以求？提供了一些答案，基本可以回答自己的问题，然而，并不完满。

有一年冬至，我与几个同学回学校附近的小吃街吃饺子。那是个简洁雅致的小餐馆，我们在一起回忆起很多人。比如我们系的系花，都不知道她花落谁家了。比如我们年级的总班长，也不知人在何处。比如我们系最有才华的美女，我们班的某同学，前不久我见到了她的结婚照，物是人非，红颜迟暮。比如曾经风靡一时的某某，全部消失在茫茫人海里，再难寻觅。

他们匆匆向前，为房子车子艰苦奋斗，歌乐山下的青葱四载，很少在脑海里浮现了吧？想到这里，我似乎在突然之间，找到了自己的追求的隐秘动机：我要努力，成为众人瞩目的标杆，用我的文字，将一世的聚散铭刻在时光的躯体上，以这种方式，挽留住那些无可挽回的人，离我而去的人，匆匆向前的人。

我希望有一天，无论梦想是否已经被时间的洪流席卷而去，我都能在这里，一直在这里。永远不离开。

活在当下，过好每一天

谁都期盼人生有一个细水长流的结局。只是，很多人都忘了，在细水长流之前，要把风景看透。

网上曾有人问，两个人一个在北京一个在丽江，一个年薪十万买不起房，朝九晚五，每天挤公交地铁，呼吸汽车尾气，挤破脑袋想出人头地。一个无固定收入，住湖边一个破旧四合院，每天睡到自然醒，以摄影为生，没事喝茶晒太阳，看雪山浮云。一个说对方不求上进，一个说对方不懂生活。两种生活方式，你怎么选?

自然是众说纷纭。

有人说年轻人还是应该去大城市闯荡，有人说自己身在大城市，却觉得闯荡来闯荡去无非平庸到老，因此对后一种生活方式羡慕得要命，有人则异想天开，说如果北京的收入机遇和丽江的环境兼得就好了。

有人则说的无比狠绝：等几十年后，看着这俩人一个儿孙绕膝，领着养老金享受医保在舒适的房子吹空调，一个三餐不继，衣不蔽体，浑身病痛地流浪到死，你们就知道哪种生活方式更好了。

这自然是戏言，但假如你既想要出人头地的未来，又想要安逸闲适的生活，世间恐怕没有这么便利的选项。

不同的生活方式，并无优劣，纯粹只是个人的选择。关键是，要安于自己的选择。选了眼前的这一种，就不要艳羡那些生活在别处的人。

忙碌辛苦的日子并不如你想的那样糟糕，熬夜熬出一个漂亮的方案，赢过大公司拼下比稿的时候，升职加薪的时候，能力被认可，在合适的位置上施展才华的时候，难道你不会充满成就感和满足感？

闲适的生活也并不如你想象中理想，破旧四合院夏天蚊子肆虐，冬天四面漏风，收入不稳定，未来一片迷茫，在羡慕之前，不妨问问自己，你真的能够在年纪轻轻的时候忍受这一切，真的能够在不知前路如何的情况下拥有喝茶晒太阳，看雪山浮云的逍遥心境？

如果你能够做到，那也不失为一个幸福之人。

如果你还不能做到，那就请拿出十二分的诚意，认认真真为自己和梦想打拼。

第六章

你只负责精彩，老天自有安排

从小到大，我的身边都没有比我大的哥哥姐姐。如今想来，这或许是一件幸事。因为没有榜样，没有指引，所以走过许多弯路，领受过许多失败，但所有的体验，都是我的亲身体验，所有的路，都是新的，都由自己亲自走过了，切身地知道对错好坏，所有的未来，都由自己开创——在这样莽撞无谋的路上，我才得以一点点看清了自己。

这世上并没有一条捷径，让你踏上去，就有光明未来。

不经历错的人，就遇不到对的人。

不曾跋涉过艰苦旅程，就看不到梦想对你绽放的甜美笑容。

不将命运的百般滋味一一领受遍了，你就不知道平淡是怎样的美妙滋味。

有时我们都像那个鱼和熊掌想要兼得的蠢笨之人，只看到万事万物的光鲜表象，妄想着一劳永逸。

但更多时候，要记得踩在坚实大地上，埋头于眼前的琐碎苟且，心平气和等待云开雾散后的未来。

将来的你会感谢现在努力的自己

人的一生，有多少事，真的不愿求结果，只求尽情尽兴。

护肤品新品研讨会上，市场部和开发部的人各自提案，讨论整个系列的定调、名称和相应的卖点。

在一家几乎全是女性的护肤品公司，他身为市场部的新人，第一次提案。幸好这次开发的是男性护肤品，所以他提出了自己觉得很帅气的定调风格，瓶身设计成凸起的纹路和形状，一定会让男性用户心动。

本是自信之作，谁知市场部经理完全没理会他的提案，直接否决，采用了另一个走简洁风格的案子。

这样一来，的确很稳妥，但和以前的护肤品包装有什么区别？

他愤愤不平，觉得经理没有眼光，让自己难得的才华被埋没了。如果只是延续之前的风格，还费什么劲开发新品？

那几天，他每天上班迟到，交代的工作也提不起精神干。

终于被经理叫到办公室。

“我知道你是因为自己的提案没有被采用，在闹脾气。但你怎么不试着想一想，我为什么没有采用你的提案？为什么没有被你说服？你真的以为是我没有眼光？”

他的确这样以为，但细细一想，的确，他的提案还不够完善。他回去找了相熟的设计师朋友，请他帮忙设计了整个包装，又找了一家工厂，做出了小支样品，呈交给经理。看起来效果相当好的包装瓶，受到了经理的赞赏，但他的想法却再一次遭到否决。

“成本控制呢？这么复杂的包装，成本怎么下得来？”

经理冷冷一句话，把兴奋的他打回原形。

他不服气，在办公室熬了一周，翻阅了无数资料，和许多家工厂联系，在保证质量和数量的前提下，终于成功找到将成本控制在预算范围内的办法。

经理终于接受了他的提案。

新品发布有条不紊地进行，请了代言人拍广告，联系商场，铺订货渠道，策划活动。经理把确定赠品的事交给了他，那段时间，他沉浸在提案被采纳的喜悦之中，完全没将区区赠品的事放在心上，到了该提交方案的那天，被经理一问，才想起来。

经理很生气：“这可是你自己的提案，你怎么这么不上心！”

他虽然觉得惭愧，却也觉得经理小题大做。

“你一定觉得我小题大做吧？”

他吓了一跳。

经理叹了口气：“我承认之前我太过保守，不敢冒险，你提出的方案真的很好，而且又有成本控制的方法，所以我觉得冒一次险或许也可以，这才接受了你的想法。但这真的是一次全新的尝试，虽然市场调查效果还不错，但实际投放市场又是另一回事，我希望把每个环节做到完美，尽量减少风险，你明白吗？不要小看一个赠品，做得好的话，很可能大大推动销量。”

他沉默下来。

“你只是公司的一位普通的职员，对你来说，假如这次新品发布失败，你可能觉得这是没办法的事，我不一样，我是负责这个项目的人，我必须对公司负责，对整个市场部的人负责，甚至对我们所有的渠道商负责，你可以指责我过于谨慎保守，却不能指责我为了降低风险而做的任何努力。”

他站在那里，惭愧得简直想把自己的头扎进地下。他从来没有想过这些，一直觉得经理没有眼光，只会考虑自己的利益，没想到身为领导层，必须担负的是一个如此重大的责任，他总是觉得自己已经把工作做得很好，如果结果不好，那也没办法，却从没有为了让结果变好去努力。之前那熬夜的一周时间，也纯粹只是为了争一口气。

但是，那口气的确争得痛快极了。

他想起大学时参加篮球比赛，还没进决赛，他们的队伍就输了，却没有留下遗憾，因为真的拼命努力过了，他尽了自己的全力，打得酣畅淋漓。赛后，几乎虚脱地倒在地板上，觉得体育馆里的灯光照在身上，格外美好。

宫崎骏说：“可以接受失败，但决不接受从未努力过的自己。”

最痛苦的事，原来不是失败，而是在本该尽全力的时候，没有用尽全力。那种懊悔、不甘心，想把自己狠狠抽打一顿的糟糕感觉，简直堪比地狱。

此后，他痛下决心，花了大心思做出来的赠品方案，大获成功。不少用户为了得到精美的赠品而买下产品。最后，限量版的赠品赠完后，掀起不小的话题，网上甚至有很多人表示，为了得到传说中的赠品，愿意花钱购买。

他拿到了奖金，在公司的庆功宴上被点名上台讲话。但所有的荣耀，都比不上那种尽力之后发自心底的舒心感觉。

王家卫在《一代宗师》里说：“人生若无悔，该有多无趣。”

但若是放着悔恨在身体里、心里生根发芽，不曾为了最想要的生活纵身一跃，人生大概会更无趣。

人的一生，有多少事，真的不愿求结果，只求尽情尽兴。

爱情，事业，梦想，无非都是求一个自以为是的圆满，自己给自己一个交代。

不计代价地努力一回，不计后果地燃烧一回，哪怕一败涂地，也比该做的事没有做，好一百倍。

所以，很喜欢村上春树的这段话：“我或许败北，或许迷失自己，或许哪里也抵达不了，或许我已失去一切，任凭怎么挣扎也只能徒呼奈何，或许我只是徒然掬一把废墟灰烬，唯我一人蒙在鼓里，或许这里没有任何人把赌注下在我身上。无所谓。有一点是明确的：至少我有值得等待值得寻求的东西。”

无所谓的心境，绝不可能在你什么都没做的时候达到。

非得榨干身上最后一滴汗，用尽最后一丝力量，你才能对任何结局潇洒说一句：无所谓。

改变，永远不会太晚

可不可以让人生不要那么安稳，不要在30岁的时候就能一眼看到尽头?

人生该尽早打算。不能过一天混一天。

可是，这世上哪有什么万无一失的打算？就算站在今日看，你觉得万无一失了，明天条件一变动，环境一动荡，万无一失的打算立刻就会变得漏洞百出。

况且，为什么我们在30岁的时候不能一无所有呢?

谁规定到了30岁，我们就必须名利双收，并且坐拥一个同样名利双收的老公，从此人生上了正轨，再也不会偏移?

你怎么保证以后你不会再改变，不会再偏移正轨，不会变得更强大、更聪明、更丰富，再走上更多其他轨道?

为什么要因为30大关将近，就如此患得患失，甚至以为人生是一锤子买卖，错失了这个机会，从此就彻底完了?

再说，所谓的名利，到什么样的程度才会让你满意?

想问的问题像山一样多，其实一句话就可以说尽：

年龄只是一个数字。为什么要用一个数字规定思想和行为的边界?

风靡全球的《哈利·波特》的作者J.K.罗琳，在写出第一本书时，已经三十多岁了，当时，她被丈夫抛弃，离了婚独自带着孩子靠政府救济金艰难度日。在人生最深的低谷里，她在咖啡馆里写完了第一本书《哈利·波特与魔法石》，数年之后，她靠写作跻身亿万富豪之列。

美国的摩斯奶奶76岁之前只是一位农妇，没有画过画，但在她因生病而拿起画笔的四年之后，80岁的她第一次在纽约办画展，引起轰动。直到101岁辞世，她开过15次个人画展，留下1600幅作品，作品最高拍卖价达120万美元，成为美国最著名和最多产的原始派画家之一。

我还知道一位马拉松运动员，89岁才开始跑马拉松，在此之前，他甚至不知道马拉松的全程究竟是多少公里；还知道一位老奶奶，80岁才开始上大学，花四年时间拿到了学位，有人说她浪费教育资源，80多岁的人还拿学位做什么？但老奶奶说，为什么不呢？难道就因为80多岁了，就要放弃自己想做的事?

看到这些人的人生，我是真的羡慕，并且唯愿自己的30岁、40岁，甚至70岁、80岁，都能像他们一样，随时推翻，随时竭尽全力，重新开始。

接触过一个全部由“90后”组成的团队，他们做出一个很火的产品，在年轻人中极受欢迎，在社交网站上更是被疯转，媒体纷纷前去采访，询问创业经历，成功经验。

创始人是个大男孩，刚刚二十出头，说起话来稚气未脱。

“就是玩啊。”

记者一头雾水。

大男孩笑了，“就是玩，我们这群人，全都是二次元爱好者，有的喜欢动漫，有的喜欢游戏，我们就是把爱好变成事业在做。这个产品就是玩出来的。大家都觉得有趣、好玩对不对？当然有趣啊，因为我们就是觉得有趣才做的，要知道，这个产品，灌注了我们团队所有人一生‘好玩’的经验。”

去参观他们的办公室，就是一间大房子，到处贴着动漫和游戏的海报，根本不像个办公的地方，老板没有独立的办公室，和员工之间没有距离，创始人、CEO的工位都在大家中间，每个角落里都有沙发和咖啡机，房间一角甚至还配置了专门的游戏设备，供大家娱乐，放松，寻找灵感。

玩出了市场反响热烈的产品，玩来了天使和A轮投资，一群90后成天在不像办公室的地方“玩”，听起来很不靠谱。但你以为他们只是在“玩”？产品研发时，谁不是把睡袋都扛到办公室，轮流着熬通宵？产品更新迭代的速度比同类产品都要快，是因为每个人随时准备着的灵感，随时准备碰撞的头脑风暴，说了就立即行动的高效率，以及那种把办公室当家的拼劲。

有人说，光拼不行，你得好好规划将来，考虑产品变现，市场出路，做受众分析，等等。万一失败怎么办？万一玩不下去了怎么办？

创始人不同意，“每个人都有自己擅长的事和不擅长的事，找投资，我不擅长，所以找了擅长的人去做，财务、法律，市场分析，宣传推广，这些我都不擅长，都可以找专业人才去做，但我一定只做我想做的产品。”

“成功和失败的经验那么多，谁都可以说出一条两条，但我不相信教条。”他说：“一句话，我就是要玩，否则我就不创业了。先考虑结果，先考虑别人的说法，再去做一件事，我做不来。我始终认为，自己玩嗨了，别人才会被你感染，被你打动。”

我们都是这样吧，在年轻的时候肆无忌惮，不顾一切，潇洒地挥霍青春，不肯计较丝毫得失，面对人生，面对这个世界，真诚得掏心挖肺一般，吃起苦来如饮甘露，唯恐生命不能尽情。

却在年纪稍长之后，将此前的初衷忘得一干二净，手中的收获越多，越觉得自己输不起，于是谨小慎微，权衡、纠结、对每一分得失提心吊胆，忧心恐惧。

韩寒的《后会无期》里说：“小孩子才分对错，成年人只看利弊。”

说的一点儿都没错。

成年人都在权衡利与弊，权衡着到底该怎么做，怎么尽早打算，规划人生，才能把弊降到最小，把利放到最大，才能在30岁后做一个人生赢家，从此轻轻松松享福，过一场一眼就可以望到尽头的安稳人生。

但我们可不可以让人生不要那么安稳，不要在30岁的时候就能一眼看到尽头？

摩斯奶奶说过一句很可爱的话：“假如我不绘画的话，兴许我会养鸡。绘画并不重要，重要的是让生命保持充实。”

76岁开始绘画和76岁开始养鸡，对她来说，的确没有太大区别。

重要的是，永远竭尽全力去生活，永远让生命保持充实。

不管你是20岁、30岁，还是80岁、90岁。

当你的才华还撑不起野心时

当你的才华还撑不起你的野心时，你就应该静下心来学习；当你的能力还驾驭不了你的目标时，就应该沉下心来历练；梦想，不是浮躁，而是沉淀和积累，只有拼出来的美丽，没有等出来的辉煌。

杰菲逊说：“一个人拥有了别人不可替代的能力，就会使自己立于不败之地。”是的，一个能在短时间内主动学习更多的有关工作范围的知识，不单纯依赖公司培训，主动提高自身技能的人，就是公司不可替代的优秀员工。

当今社会是信息饱和与知识爆炸的时代，这使得我们除不断学习以适应这种社会环境之外，别无选择。现代科学技术发展的速度越来越快，新的科技知识和信息迅猛增加。有一些人在本科毕业、硕士毕业、博士毕业以后就以为自己的知识储备已经完成，足够去应付新时代的风风雨雨，但是事实往往并非如此。在现实社会中，只有那些不断更新自己知识，不断改进自身知识结构的人，才能真正在市场上站住脚。

人与机器的区别就在于人有自我更新的能力。如果你不能睁大双眼，以积极的心态去关注、学习新的知识与技能，那么你很快就会发现，你的价值被打了八折、七折、六折、五折，甚至一文不值。这一切也许在你茫然不觉的时刻突然来临，因为不可能有一位会计会时刻为你做“折旧”财务报表提醒你，只有靠你自己主动给自己做账。

在当今时代，你如果不学习、不充电，那么很快就会被发展的社会所淘汰。因此，无论何时何地，每一个现代人都不要忘记给自己充电。只有那些随时充实自己、为自己奠定雄厚基础的人，才能在竞争激烈的环境中生存下去。

只有严格要求自己、不断进取的人，才有资格与人比高下。一个颇有魄力的老总在公司的总结会上说了这样一段话：

“美国的大公司，在开办新的分公司或增设分厂时，20世纪50年代出生的人，往往就任主管职位。如果现在公司任命你担任技术部长、厂长或分公司经理的话，你们会怎样回答？你会以‘尽力回报公司对我的重用，作为一个厂长，我会生产优良产品，并好好训练员工’回答我，还是以‘我能胜任厂长的职务，请安心地指派我吧’来马上回答呢？

“一直在公司工作，任职十年以上，有了十年以上工作经验的你们，平时不断地锻炼自己、不断地进修了吗？一旦被派往主管职位的时候，有跟外国任何公司一较高下、把工作做好的胆量吗？如果谁有把握，那么请举手。”

这位老总环顾了一下四周，发现没有人举手，他继续说：“各位可能是由于谦虚，所以没有举手。到目前，很多深受公司、同行和社会称赞的主管，都是因为在委以重任时，表现优异。正是由于他们的领导，公司才有现在的发展，他们都是从年轻的时候起，就在自己的工作岗位上不断进修，不断磨炼自己，认真学习工作要领的人。当他们被委以重任时，能够充分发挥自己的力量，带来良好的成果。”

从这个例子中也可以看出，只有时常激励自己，不断努力，保持不断进取的精神，才能够在工作中更上一层楼。不断进步，不断学习，这一点无论何时何地都不能改变。

有些路注定要自己走

每一个人生的当口，都会有一个孤独的时刻，四顾无人，只有自己。于是不得不看明白自己的脆弱，自己的欲望，自己的念想，自己的界限。还有，自己真正的梦想。

认识一位女心理咨询师，不过30岁左右，自己做咨询网站和APP，聚集了一大批同行在身边，事业做得顺风顺水。

她留着梨花头，皮肤白皙，笑容甜美，说话时声音软软，仿佛一个邻家的小妹妹，一点儿都不像一位心理咨询师，更不像一个事业成功的“女强人”。但有一次听她在人前聊起过去，我们才知道，原来她内心的强大远胜于外在的柔软。

那是在她的一本心理随笔的新书发布会上。台下的读者举手提问，当初在你还是个小女孩的时候，为什么会选择走进心理学这个领域？熟悉她的人都知道，她报考大学时，按照父母的意思填了计算机系——和心理学八竿子打不着的专业。大一没读完，她就退学重考，这才转学了心理学。

她说：“我18岁离开家，第一次试着一个人生活。除了那些一个人生活通常都会遇到的实际问题之外，我最大的体验是孤独。”

不仅仅是一个人生活的孤独，最大的孤独是和自己想要的一切渐行渐远，却没有人能够理解，包括这个世界上最爱她的父母。

她花了半年时间，终于明白自己并不适合在那些天书般的计算机语言里过活，想到漫长的四年，乃至漫长的一生，都将和一件她并不热爱的事打交道，她开始打退堂鼓。

父母却说："你那么聪明，肯定没问题。"

她的确聪明，学习成绩相当不错，就这么学下去，想必她也能够成为这个行业的优秀人才。但这不是她想要的。

"那你想要什么呢？"父母问。

"不知道。"她答。

是真的不知道。她只知道，不能再这样下去。

没有给自己留退路，就这样退了学。

重考的日子不算辛苦，她向来成绩优异，完全有信心考上一所更好的大学，但这段日子几乎是她人生最黯淡无光的时期。每天下晚自习，她都会一个人去操场散步，仰头问自己到底在做什么，而前路又在哪里。

她没有问出答案。但和自己相处的漫长时光，终于让她在万千孤独中，看到自己。

真实的自己。

后来，她考上国内最好的大学，读心理学。没有特殊的、非此不可的理由，她只是发现自己对人类心灵的兴趣，远远大过对这个世界的兴趣罢了。

当曾经的计算机系同学都已经开始拿到薪水，在职场上独当一面时，她还在学校里过着紧巴巴的生活，实习没有着落，工作也没有着落；当同龄人开始升职加薪，她却在还在做实习咨询师，拿最低的薪水补贴，做着超负荷的工作。

很多年，她的人生，一直徘徊在没有光的地方，眼看着别人都奔着光亮而去，却不知自己的光亮究竟在何方。

“人生徘徊在没有光的地方，当然很孤独，但孤独是什么呢？”在发布会上，她说，“站在现在回望过去，我知道我咬咬牙就能走出来，就会看到希望，但是在当时，我并不知道希望真的存在。这才是孤独。就像在荒野上，四周一望无际，只有我一个人，必须在没有希望指引的那些时刻，逼自己怀抱希望，咬牙前行。”

这很像宫崎骏说的：“每一个人生的当口，都会有一个孤独的时刻，四顾无人，只有自己。于是不得不看明白自己的脆弱，自己的欲望，自己的念想，自己的界限。还有，自己真正的梦想。”

孤独，让你看到自己的界限，却也让你更明晰自己的梦想。

在人生这条路上，我们都是这样，只能不停地往前走，不断地在得到的喜悦里领会失去的痛楚，然后对过去所有在暗夜里独行的孤独时光释怀，并且感恩。

逃避，最后会使你无路可逃

永远不要以为你可以逃避，每一步，都在走向你自己选定的终点。而且每一步，都由你来决定好与坏。

一位旅游狂人，探险爱好者，习惯在工作之余，独自去野外探险。没有被开发的大峡谷、草原、森林、沙漠，这都是他喜欢的冒险之地。

或许是因为对自己能力的自负，也或许是为了保持探险的纯粹性，他从来不对任何人透露自己的行踪，包括父母、恋人、最好的朋友。他常常会在假期的时候突然消失一阵子，然后又突然回来。身边所有的人都已经习以为常。

那一次，他去了心仪已久的峡谷，徒手攀爬至岩石山顶，轻而易举穿梭在庞大复杂的地貌间，你能看出他对自己身体和头脑满满的自信和骄傲。

然后，悲剧发生了。

他不小心跌入山石之间一个狭窄的缝隙，更要命的是，一块落下来的大石头将他的一条手臂死死卡在了石头和山壁之间。

从被卡住，到最后自救成功，整整127个小时。他放弃无数次，挣扎无数次，懊悔无数次，无数次想到死亡，无数次拷问精神，无数次审视人生，最终自己生生用小刀一点点切断了手臂，忍痛爬到谷底，步行8公里走出峡谷，这才终于获救。

这是电影《127 个小时》的情节，也是一个冒险爱好者真实的经历。

电影中主人公拷问精神，审视人生的那一段格外精彩。

他想，自己怎么就走到了今天这一步？

自负，骄傲，无人区的孤独者的冒险，正是这些他看得太过重要的无聊东西，使得他在遇到危险时，没有任何人能够救他。大自然如此庞大，人类如此渺小，一块石头就足以让他丧失所有希望，而他先前竟然一直以为是自己是征服者。

那块石头，其实一直等在那里。从他出生的时候就等在那里，等着在今天，在这一刻，从天而降，粉碎他的狂傲和无知。

这不是一次偶然，不是意外，不是天灾。

不是的。

这是人祸，是他终将经受的障碍，只要他还喜欢探险，只要他还是那个轻狂自负的男人，他就无法逃避。

就像昆德拉说的那样："永远不要认为我们可以逃避，我们的每一步都决定着最后的结局，我们的脚正在走向我们自己选定的终点。"

那阵子，她负责和客户洽谈一个项目。公司对这个项目寄予厚望，叮嘱她务必拿下。她的成单率一向很高。公司当然是信任她，才把这个项目给了她。

而她的一贯而有效的做法是：研究客户的喜好，然后投其所好。

她约这位客户吃过一次饭，去过一次高档会所。但对方看起来对这种场合并不感兴趣。后来她调查到对方有收藏癖，而且专爱收藏各种稀罕的器皿。于是专程请这方面的朋友物色了一些，当作礼品送给客户。

客户果然很高兴，坐下来细细研究了半天，又和她聊一些相关的历史和收藏价值。见她一味附和，不怎么说话，客户皱起了眉，“这些东西你专程来送给我，自己却不懂其中门道吗？”

投其所好的结果是，客户对礼物满意，却对她生出诸多不满。一个大项目就此谈崩。她没想到这位客户是这么任性，感情用事的人。仅仅因为她不懂门道，就终止合作，这也太荒唐了。

她不甘心，特意又再找到他，希望他重新考虑。

客户很诚恳地说，他考虑得很清楚了。

“说实话，我之所以终止合作，是因为你这个人。这个项目需要注入大量文化内涵和情感内涵，需要能够感染人内心的东西，而你的眼里只有功利，只有合作的成败，项目所带来的收益，以及给你自己的职业生涯带来的好处，我不认为由你所在的公司负责，能够做好这个项目。”

因为大项目谈崩了，她被扣款，又被降职，好几年的奋斗，回到了原点。

她从来都不知道谈成一个商业项目需要有文化内涵和情感内涵，她所知晓的只有最简单的方式，和客户搞好关系，投其所好，再不行，她还有在酒局上千杯不醉的功夫。

因为不想念书，她留级好几次，终于还是没有上大学。高中一毕业就开始当销售，从一个底层的销售员做到销售经理的位置，凭的完全是过人的天赋，有眼力，会说话，会喝酒。她一直以为这是真理，而她也的确是靠着这套真理一步步走到今天，和文化素养情感内涵真的半点儿关系都没有。

重新回到销售员的位置，她忽然觉得，或许这一场挫败早晚得来。即使现在没遇上，将来肯定也会遇上。因为自己的确不具备能够搞定这种大项目的智慧和气场。哪怕她现在靠运气当上了销售总监呢，总有一天也会出同样的洋相。

是祸躲不过。她曾经逃避了读书的命运，但社会终究以另一种教师的身份，给她更多当头棒喝；也终究变成另一本书的模样，让她阅读终生。她或许可以逃开上课的命运，却绝不可能逃开学习的命运。

她想，要学的东西实在太多了，她不能满足于仅仅当一个会喝酒，会讨好人的销售经理。她还想见识更多的人，更大的世界，想去见识那些站在顶点才能看到的风景。

还记得《127小时》的电影结尾：失去了一条手臂的探险爱好者，最后成了探险家。

这真是最好的结局。

他没有因为一块石头的阻挡，没有因为这场悲剧的遭遇，就此失去勇气，放弃人生最大的爱好和梦想。

一块石头，是障碍，同时也是力量。

当他战胜了它的那一刻起，它就已经超越了这个障碍，并且记住了它赐予的血淋淋的教训，以此为踏板，走向更广阔的世界。

所以，昆德拉说的没错，永远不要以为你可以逃避，每一步，都在走向你自己选定的终点。

而且每一步，都由你来决定好与坏。

时间不会亏待你

哪怕被这个世界亏待过，时光也终究不会亏欠任何人。哪怕被整个世界亏待，你也可以不亏待你自己。

都说青春不疯狂，不放肆，就是虚度，就会后悔。等你蜕变出更好的自己，再苍白的青春岁月，回忆起来都会让你嘴角上扬。

哪怕被这个世界亏待过，时光也终究不会亏欠任何人。

朋友离开普吉岛时给我打电话，说她已经想清楚了，回来就辞职，换一份工作。

先前的那份工作，她简直像中了邪般，无论如何都做不好。

起初是不小心得罪了上司，然后和同事闹僵，被客户投诉，交上去的案子永远被打回来重做。当初她求职时，大学四年那漂亮的履历和实习经验，助她过关斩将，而她也壮志满怀，准备在职场上大干一场。

谁知世事难料，接二连三的打击，几乎让她开始怀疑整个世界。

仿佛是上天都掺了一脚，专要和她过不去。

她想，这是怎么了，为什么自诩优秀的她连这样一份简单的工作都做不好？

当然想过辞职，却也犯了傻，想着：自己连这么初级的工作都做不好，去了其他公司难道就有自信能够做好其他工作，能够顺利融入另一个环境?

纠结得不得了，压力大到失眠。终于受不了，请了年假，随便参加了一个旅游团，去了普吉岛。

后来她告诉我，她在普吉岛遇到了一位店主。不知道是哪国人，独自在岛上开了一家小店，卖奇奇怪怪的甜点和颜色艳丽的热带饮料。

也不知为什么，坐在他的店里，不自觉地就放松下来，向他倾诉了自己的遭遇。英语说得磕磕绊绊，店主却听懂了。

他问了一句：“你觉得，我有什么才华？”

她有点儿摸不着头脑，一个店主，有什么才华?

“经商的才华？”

店主笑了：“错，其实我最大的才华是会聊天。”

她也笑了，以为店主只是开玩笑。他却接着说：“其实，我以前弹过钢琴，当过老师，做过销售，但直到我开始经商，我才找到最能让我发挥才华的地方，如果我告诉你我的公司已经在全球各地开了很多家分店，你一定会惊讶吧。”

的确惊讶。

“那么，最能让你发挥才华的地方，在哪里？”最后，他问。

她忽然愣住了。从来没想过，一直以来，都只想着要做好眼前的事，搞定工作，升职加薪，成为职场牛人，就像所有优秀的人那样。

“有时候，不是你的才华配不上这个世界，而是你身处错误的世界。”穿一条夏威夷短裤的店主语重心长地说。

从普吉岛回来，她辞掉原先的工作，在一家大公司找到一份很好的工作。大学四年的打工兼职经验仍然没有白费，在面试时，面试官对她表现出来的见识和能力相当欣赏，刚入职她就被破格允许参与一些重要项目。

能力得到锻炼，她学习快，又拼命，很快升了职。现在她每天穿着真丝上衣西装裤，像这个城市最典型的白领，穿梭于写字楼和咖啡厅之间，每周出差一次，在各个城市最好的酒店欣赏夜景。从前的煎熬挫败就像做梦一样，早已不复存在。

我问她那个普吉岛店主的故事是不是真的，她居然犹豫了。“我也不知道是不是，现在想起来也像做梦一样。”

但是店主送的船锚模型，至今还在她的手机上挂着。

被周围的一切否定，不知多少人有过这样的经历。

有时你以为你活得像一场无法逗笑任何人的笑话，毫无意义；你以为人生只能这样，就像无论如何也找不到出路的迷宫；你以为整个世界都亏待了你，而你再也没办法找到任何属于自己的骄傲。

但其实你只是自己取消了自己的意义，又或者只是走进了错误的世界里，还错以为现在所处的环境就是整个世界。

直到你迈出一步、两步、三步……才知道世界何其广阔。

哪里都可能有你的天地。

退一万步讲，哪怕被整个世界亏待，你也可以不亏待你自己。

第七章 将来的你，会感谢现在吃苦的自己

留不住青春，却能做最好的自己

你有你的泥沼。我有我的泥沼。我们都是在生活的泥沼里仰望蓝天，一步步接近更好的未来，不是吗？

你的来信

亲爱的旧友：

你还好吗？

看到这句话，我知道你可能又要皱眉撇嘴了。

你从来都讨厌寒暄客套，有时和熟人在路上遇到，熟人寒暄几句，问你去哪儿，吃饭没，最近好不好，你都会像傻瓜一样站在路边，认认真真思考你打算去哪儿，是刚吃过早饭还是午饭，最近到底是活得好还是不好。

其实你也知道，别人只是随口一问罢了。

你一直是一个认真过头的女孩子，思考的时候永远眉头紧拧，好像这场人生是一个解不开的难题。这样的你，当然把握不好寒暄客套的度，也不知道如何恰当地应对，所以你对此讨厌极了。你问我，人们为什么要浪费生命来说这些客套话?

后来你听人说，芬兰人私人空间大得出奇，他们从来不寒暄，当他们问别人最近好不好时，那是在期待真诚而有分量的回答，而不是随口一问，实际上并不关心你到底好还是不好。

你开心极了，特意说给我听，感叹说这真是个理想的国度，并说以后你想去那里终老一生。我很不识相地给你泼冷水：芬兰的冬天，早上刚起床，天就快黑了，在那里待久了很容易抑郁，而且那里剪头发贵得要命，你这么爱美的人，天天都要去美发店做保养的人，很快就会破产的。

你当然知道我是故意在损你，所以你并不介意。在我们相识的日子里，我们的关系一直都是这样的，损友。

所以，我怎么会和你客套寒暄呢？那句“你还好吗”，真的是我在和你分别这么多年后，最想问的一句话。

那个时候我们多年轻啊，脸上的痘痘刚刚冒出来，一颗又一颗，总也不平息，看着隔壁班班花吹弹可破的皮肤，觉得自己像只丑小鸭，把刘海留长，遮住额头，弓着背低着头走路，其实是很爱美的，却爱美到自惭形秽的地步。

但如今回想起来，竟觉得那些痘痘也是美好的，一颗颗饱满清新，像清晨雨露的新鲜气息，像我们刚刚绽开的青春放肆的气息。

未来那么远，那么长，仿佛永远都不会到来，也永远都不会结束。

唯有青春，灼灼盛放。

我们一起上学放学，一起读书自习泡图书馆，一起去跑步，一起逛街，偷偷买化妆品学化妆，互相毒舌点评对方喜欢的男生，互相陪对方去看偶像的演唱会，甚至还曾经一起离家出走，在大街上夜游好几个小时之后，因为实在太害怕，最后只好各自灰溜溜地回家。

我记得那时我生病请假，从不爱记笔记的你，居然认认真真做了好几天的笔记，递给我时，还故意装出一副不耐烦的表情；我被老师叫到走廊上说教那次，你在老师身后冲我做鬼脸，逗我开心，后来被老师发现，也一起挨了骂；我喜欢的男生交了女朋友时，你陪着我一起骂他，说他没眼光，诅咒他们早点儿分手，甚至还在给楼下花坛浇水时，故意手一滑，浇了他俩一身。

现在，还有谁会陪我做那么多事，还有谁会为我做那么多事呢？

我们都长成了更忙碌、更自私、更焦躁、更不耐烦的大人。

不对，从更早的时候开始，我就已经是忙碌、自私、焦躁、不耐烦的大人了。

知道两个人考上同一所大学的时候，我们多开心啊，热死人的天气里，开心得跑出去买最喜欢的冰淇淋，各自举着，像喝酒一样碰杯。

都以为能够一直一直在一起，直到当上彼此孩子的干妈，直到有一天老了，还能手挽手一起去逛街。

谁知道只是专业不一样，只是各自的交际圈不一样，就那么轻易地疏远了呢？在食堂里偶遇时，我连你什么时候爱上吃番茄鸡蛋都不知道，因为你以前完全不碰番茄的啊。

当然不能怪你，因为我的大学四年真是忙得不可开交，学生会，校报，打工，修双学位，实习，找工作，还抽时间谈了场恋爱，唯独没有时间和你联系，交谈，哪怕只是在校内网上留个言。

回过头来，才知道我们已经像郭敬明说的：“那些以前说着永不分离的人，早已经散落在天涯了。”

还记得吗？那是我们一起读过的郭敬明。

现在，我在大城市安家，买了车，房子刚刚付了首付，和男朋友开始谈婚论嫁，在一家不错的跨国企业，有一份不错的工作，未来看起来充满希望。我却总是忍不住回望过去，回望和你一起度过的青春，所有的细节都在回忆里越来越清晰，我不知道自己错失了什么，但我知道，我很想念你。

直到最近，我才得知你的大学四年过得相当不顺，父亲生病，学业荒废了半年，为了就近照顾父母，不能离开家乡，找工作很艰难，就连恋爱都不顺。你过得那么灰暗，我却不在你身边，连一点儿关心你的念头都没有，有时想起来要联系你，又觉得你大概已经交上了新的朋友，有了新的爱好和圈子。明明是自己害怕面对你无话可说，却给自己找一个高明的借口，说服自己不要去打扰你。

此时的我，仍然不敢直接去找你，只敢给你从前的邮箱发了这样一封信。

心里盼着你还在用这个邮箱，却也盼着你永远也不会看到了。

很狡猾，对吧？

这么多年过去了，我也只能说一句：对不起。

只能问一句：你还好吗？

我的回信

亲爱的朋友：

我很好。

真的很好。

你知道我不喜欢寒暄，不喜欢说客气话，也不会在别人问“How are you”时，不走脑子随口答一句“Fine，Thank you，And you？”

所以，我是真的在认真思考过后，才回答你，我真的很好。

是啊，这么多年过去了。

足以改变一切了。

科学家说，人身上的细胞七年会全部更新一遍。所以是不是可以理解为，每过七年，我们都会新生一遍？

你看，我现在已经新生了。

父亲的病早就好了，他现在健康得很。我荒废的学业在大四之前补上了，顺顺利利毕了业。刚毕业，我靠熟人关系在家乡找到一份薪资还不错，但和我的专业完全无关的工作，做得很不开心，看不到未来，但现在，我已经去了另一个城市，找到一个适合自己的职业舞台，发展得还不错，买了房子，把父母也接过来了。就连当初不顺的恋爱，今天也重生了，变得更好的我，已经遇到了更好的人。

大学四年，的确是我人生里最灰暗的时期。那时，你就在离我不远的地方，我却好似孤身一人，艰难跋涉。所以，你为此自责、悔恨。

但实际上，你根本不用自责，因为当时我的身边还有其他人在，我新交的朋友、宿舍的姐妹，甚至系里比我大不了几岁的年轻辅导员，都对我很好很好，他们帮助我，鼓励我，为我加油打气，陪伴我，温暖我，和我一起度过那段难过的日子。

我说我是孤身一人，艰难跋涉，是因为，即使再多的人在我身边，我也只能独自面对人生。你，我，我们所有人，都是这样的。你有你的泥沼。我有我的泥沼。我们都是在生活的泥沼里仰望蓝天，一步步接近更好的未来，不是吗？

所以，你何必自责呢？

不如我也用一句郭敬明的话回答你吧，我们那时一起读过的话："假如有一天我们不在一起了，也要像在一起一样。"

你的信里，提到我对你的好。但你知道吗？其实你对我更好。

那时我生病，爸妈都去上班了，只剩我一个人在家，你居然跷了课，专门来陪我，给我熬粥，为我做冰袋放在额头上降温；我和男生打架被教导主任抓包的那次，你身为学生会干部，为我挺身而出，说打架的人也有你在内，你愿意和我一起挨罚，最终逼得教导主任不了了之；我喜欢的男生拒绝我的表白时，你也陪我一起骂他没眼光，诅咒他以后都交不到女朋友，身为乖学生的你甚至利用学生会的职务之便，说服老师，把他从演讲比赛的名单上划了下来。

后来你说那是你做过的最龌龊的事，不愿再提起，我却一直都记得，因为你那是为了我啊。

你看，我们记得的，一直都是彼此的好。

这样多好。

我们曾经共有过最美好的青春，此后的疏远，不过是缘分、命运，或者说时机使然。你我都无能为力。

每一种青春最后都会苍老，只是我希望记忆里的你一直都好。

这是我一直喜欢的一句话。

送给你。

也送给我自己。

抱怨身处黑暗，不如提灯前行

我们都是普通人，没有先天优越的条件，没有养尊处优的环境，我们的每一天，都要靠自己的努力，逐日挨过。与其抱怨身处黑暗，不如提灯前行。愿你在自己存在的地方，成为一束光，照亮世界的一角。

杰克拥有一座美丽的莲花池。那其实是他在乡下住宅附近的一片天然洼地，他坚称他在乡间的宅邸为他的农场，水从远处山丘上的蓄水池中流入这片洼地，其间还要通过一个可调节水流大小的阀门开关。一切是那么的和谐美满，到了夏天，澄澈的水面上就会铺满怒放的莲花，鸟儿们在池中自由嬉戏，从早到晚都能听到它们的奏鸣音。蜜蜂则在花园中的野花上忙碌不辍。极目远眺，池塘的后面是一片美丽的丛林，野生的浆果、灌木、蕨类植物争相盛开，热闹极了。

杰克是一个平凡的人，但他拥有着一颗博爱的心。在他的领土上，你看不到“私人所有，不得擅入”或“擅入必究”的字样。取而代之的是原野尽头那让人倍感亲切的标语，“这里的莲花欢迎你”。他得到了所有人的由衷爱戴，原因很简单，他真诚地爱着所有人，并愿意与他们分享他的一切。

在这里人们常能碰到正在玩耍的天真孩子和风尘仆仆、步履蹒跚的游人，不止一次看到他们离去时脸上那与来时全然不同的神情，仿佛卸下了身上的重负，直到现在人们的耳边似乎还能听到他们离去时的低声呢喃和祝福。有些人甚至把这里称为世外桃源。闲暇时作为主人的他也会在此静坐享受夜晚的寂静。当游人离去后，他趁着皎洁的月光在园中往来踱步或坐在老式的木质长椅上伴着芬馥的野花香喝点儿什么。他是一个具有美好品质的人。用他自己的话说，这是他一生中最伟大最成功之处，经常带给他莫名的感动。

毗邻的一切生物仿佛也能感受到这里散发出的亲善、友好、宁谧、欢欣的气氛。牛羊们会漫步到树林边古老的石栏下，张望着里面美好的景致，我想它们真的是在跟我们一起共享这份温馨。动物们面带微笑昭示着它们的心满意足和欢欣愉悦，或许这就是他心中所求的吧，因为每当此时他也会露出会心的微笑，表示他能理解它们的心满意足和欢欣愉悦。

水源的供给原本丰沛，水池的进水阀又总是开到最大，这让水流婉转而下，不仅在栏边驻足的牛羊能饮到甘甜的山泉，邻家的田园亦可受惠。

不久前杰克因事不得不离开大约一年的光景，这段时间里他把房子租给了另外一个男人，新租客是位非常“实际”的人，他绝不做任何无法给他带来直接利益的事。连接莲花池与蓄水池之间的阀门被关闭了，土地再也得不到泉水的滋润和灌溉；朋友立起的“这里的莲花欢迎你”的标语也被移走；池边再也见不到嬉戏的顽童和欣慰的游人。总之，这里发生了天翻地覆的变化，再不复往昔林木欣欣向荣、泉水涓涓而流的样子。池里的花朵因失去了赖以生存的水源而日渐凋零，只有伏在池底烂泥上枯萎的花茎还在向人们诉说着往日的热闹。原本在清澈的池水中悠然而动的鱼早已化为枯骨，走近池边便能闻到它们发出的腥臭。岸边没有了绽放的鲜花，鸟儿不再停留于此，蜜蜂们已移居它处，园中亦不见蜿蜒的流水，栏外成群的牛羊再也饮不到甘甜的清泉。

如我们所见，今天的莲花池与杰克悉心照料的莲花池有天壤之别。而细究之下，造成这一切差别的原因却十分微不足道，仅仅是因为后者关闭了引水的阀门，阻止了来自山腰的水流。这个貌似简单的举动，掐断了一切生物的生命之源。它不仅毁掉了生机盎然的莲花池，还间接破坏了周遭的环境，剥夺了周遭邻居们与动物们的幸福。

看了上面的故事，你是否对生命的真谛有了新的感悟？在这个莲花池的故事中，杰克那种博爱的胸怀就是宇宙间最真、最美的东西。

其实，故事里的莲花池跟你我的生命是无法相提并论的，因为它的生命完全掌握在他人之手，只有依赖别人替它打开阀门才能生存下去。相对于莲花池的无助，我们的生命则强势许多，至少我们可以自由决定从外界汲取的能量及信息，能够掌握人生的只有我们自己的思想。

把自己的日子过漂亮

你假如是白昼，又何必非要知道夜色之深？不如只欣赏自己绽放的耀眼光芒。就让每个人都只在自己的故事里绽放吧。

我曾经听说过几个与你有关的故事。

只是与你有关而已，在这些故事里，你不是主角，而是配角。

如果把你比作一朵花，那么你并没有在许多人的注视下，开在三月烟雨里，败在暮春黄昏后，整个世界都是你的背景，唯有你的存在，如此真实鲜明，赚足人们的欣喜和欢笑，伤怀与眼泪。

是的，你并没有。你只是开在别人盛大的故事背景里，静静地开，静静地谢了，来过，又走了，有人看到了，有人没有看到，有人记了一生，有人转瞬即忘。

这都很寻常。因为你只是你自己的主角。每个人，都只能是自己的主角。

可惜这道理你领悟得很晚。

第一个故事

她是你的好朋友之一。

你却是她人生第一个好朋友。

此前她当然有过很多朋友，从小一起长大的发小，小学、初中、高中的玩伴，在网上聊得来的朋友，旅行时结交的朋友，但只有到大学与你相遇相识，她才觉得自己的人生里第一次有了好朋友。

在她心中，朋友和好朋友的概念相差了何止十万八千里。

她不会对朋友说自己羞耻的糗事，不会和朋友倾诉幼稚的梦想，不会告诉朋友她曾经为暗恋的人犯过多少傻。

但她会告诉你。

你问过原因。她说，她觉得你懂她。

是的，在她心目中，你们是彼此的知己。

知己这种感觉很难说，同寝室四个人，她就只喜欢和你玩，只有在面对你时，才有说不完的话，只有和你在学校后门把酒言欢，才觉得痛快。

但她几乎是带着悔恨在诉说这个故事：不食人间烟火的知己，在青葱校园里尚且可以维持纯粹，一沾染现实，就一败涂地。

毕业前，她抢了你的男友。

真的不是故意的。是你的男友追的她，而她觉得，无论如何，爱一个人是没有错的，她在你面前哭泣，真的对不起，对不起……

你气得浑身直哆嗦，打了她一个耳光。

毕业后，你们断了联系。

现在，她后悔得不得了，恨自己当时鬼迷心窍。如果再给她一个选择的机会，她说她一定会选择一辈子的友情，而不会选择一场转眼成空的糟糕爱情。

可是，谁知道呢。

每个人都只是在当下那一刻做出了自以为正确的决定。那一刻过去了，就永远地过去了。没有重来的可能。

第二个故事

他是你的第一任男友。

你却不是他的第一任女友。

是谁说过，这个世界上从来没有对等的爱。

有时，你喜欢他，他不喜欢你。有时，他喜欢你，你不喜欢他。还有些时候，你们两情相悦了，付出的感情却不对等，你全情投入，一心一意，他却边爱边退，要么沉浸在上一段失败的恋情里无法自拔，要么视线里还有除你之外的其他女孩，流连不去。

你和他就是如此。

他说，他决定和你在一起的时候，真的是下了决心要对你好。

在每一个节日陪你一起过，送你礼物，每天都会和你发短信，关心你，照顾你，为你做一切男朋友该为女朋友做的事。

可是，怎么办呢？夜里说梦话，他叫的不是你的名字。走在大街上，他眼神留意的女生类型，永远是像初恋女友那样长发飘飘、长相清纯的女孩。他忘不了她。那个曾经无情甩了他的女孩。

大四的时候，你留起了长发，黑色的直发，走动时随风轻扬。他忽然觉得无法和你在一起了。你长发飘飘、抿着嘴不说话的样子，太像他的初恋了。他受不了。

追你的好朋友，纯粹是巧合。他说，只是恰好她离得最近，而她恰好又是短发女孩。

他当时脑中所想，只是想要迅速地远离你，最好是用你无法接受的方式。

果然，你当时什么也没说，就离开了他的视线。

六月毕业季以后，你们再未相见。

如今，他再想起你，只记得起一个模糊的影子。

这样的男人，心里记得最清楚的，总是那个曾一度得到又永远失去的初恋。唯有初恋，是记忆里最初的美好，此后谁也不能取代。

第三个故事

他们是你的父母。

你是他们唯一的女儿。

他们曾经一度认为，自己是世界上最好的父母，而你是世界上最好的女儿。

你们不像很多别的家庭，父母是父母，儿女是儿女，你们没有隔阂，亲密得好像朋友、知己，你们几乎无话不谈，他们那一代人过去的故事，他们的烦恼，你都会认真听，而你喜欢的流行音乐，你在学校的见闻，甚至你的心事，他们也都会用心倾听。

你们一起去旅行，一起去新开的餐厅尝鲜，一起去江边散步看夜景，甚至你有了暗恋的男生，他们也不像别的家长那样反对早恋，而是会光明正大地给你分析，为你鼓劲。

多好的家庭。

直到你的叛逆期来临，才给这个完美的家庭蒙上了阴影。

他们说，你的叛逆期来得很晚。不像别的孩子，都是在青春期的时候。你是大学毕业后，才开始叛逆的。

本来，他们打算和你一起商量。没错，是商量。他们并不打算干涉你的职业选择，对你的人生规划指手画脚，他们只是想要用自己的阅历和经验，为你提供一点小小的参考。毕竟，从小到大，关于你的任何事情，都是一家人商量决定的。

他们自认为真的是很好的父母，从来不逼迫你做任何事。

谁知道，你完全不和他们商量，就一个人申请到去国外当交换教师的机会，而且去的是远在非洲的一个很小的国家。

这是怎么回事？他们一下子有点儿懵。

你办好一切手续，抵达目的地，才给他们打电话，让他们不要担心。

他们怎么可能不担心呢？

但也没有办法。只好等你一年交换期到期回国，再和你谈。

让他们没料到的是，你回了国，又马不停蹄地去了上海，在那边当了一名翻译。从此在世界各地飞来飞去，极少回家。

你的父母这次是真的伤了心。

他们仍然一起去旅行，一起去新开的餐厅尝鲜，一起去江边散步看夜景，但他们有时坐在家里，面面相觑，会想着：“我们做错什么了？为什么女儿会变成这样？变得这样冷漠、决绝，离我们这样远？”

听完这三个故事，我发现自己根本拼凑不出你的模样。

每个故事都与你有关，可是每个人在讲述的时候，都是在说自己。

要是从前，你大概会说，人都是自私的。但现在，你只会说，你可以理解。若你来讲述这三个故事，当然也只会说自己。

每个人，不管和你多么亲近，都只能活自己的这一场人生，不是么？

谁也不能代替谁，连一丁点儿感受都不能。

所以你现在知道，从前的你，真是大错特错。

你告诉我，在第一个故事里，你的好朋友说出那句“你懂我”的时候，你真的很感动，你想着，一定要成为世界上最懂她的人。

她喜欢看电影，所以你也看电影，而且基本只看她看过的电影，为的是某一天她和你聊起来，你可以对答如流，还能说出合她心意的回答；她喜欢在有风的时候站在阳台上发呆，喜欢在有云的日子里躺在草地上听音乐，喜欢在有星星的夜晚去操场散步，你都陪着她，并且能够在每一个合适的时机，背诵几句她喜欢的诗；她有一个幼稚的梦想，告诉了你，于是你去查阅一切和这个梦想有关的资料，了解这个领域的所有动态，为的是有一天可以成为她梦想的助力。

没错，你们是知己嘛。你当然懂她。哪怕全世界背叛她，反对她，你都会站在她身边，说一句“我懂你”。

结果，你只看到一个你再也看不懂的她，挽着你的男友，出双入对。看到她来跟你说对不起，眼神里却没有一丝悔意。

在第二个故事里，你原本也以为你和他是两情相悦，但你也逐渐看出来了，他对你多少有些心不在焉，那阵子，恰好你第一次听说了他初恋女友的故事。你那么爱他，当然愿意为了他而改变，你想，哪怕只是替身也好啊，只要他愿意把视线停留在你身上。

于是，你开始蓄起长发。你的头发长得很慢，发质也不好，整整两年的时间，你花了多少时间来打理，费了多少心思来保养，才养出一头黑亮的长发。你知道他的初恋女友是冷美人，所以你也故意减少了表情，尽量冷着一张脸。

结果，他为了从你身边逃走，不惜追求你的好朋友。那个时候你还天真地想，怎么会是她呢？她明明和他的初恋一点儿都不像啊。

在第三个故事里，你起初也觉得，你的父母是天底下最好的父母。别人的父母都骂人，你的父母从来也不凶你，永远温言软语，问你的意见。别人的父母都说一不二，不和小孩子讲理，你的父母却永远耐心地和你说话，哪怕你的话再幼稚，他们也不会嘲笑你。

你是真心想要成为他们心目中最好的女儿，温柔，善良，优雅，有教养，聪明，讲道理，喜欢旅行和散步，你走在他们中间，挽着他们，得体地微笑，你是他们这辈子最大的骄傲。

等到你终于发现你的错误时，你已经失去了最起码的自由。

考大学时，你想考你一直很感兴趣的新闻系，你想当一名记者，父母却觉得你不太适合，当记者太辛苦了，而且这个职业很不安定，压力也大，他们轻声细语地建议你，是不是学英语更好一些？毕竟，接下来的时代，英语很重要，学好了总没有坏处。你觉得呢？

每一次，他们和你商量一件事，最后总会说一句“你觉得呢”，然后以殷切又亲和的目光注视着你，仿佛早已知晓你无法拒绝。

你当然无法拒绝。你是他们心目中最好的女儿啊。

所以每一次你都点头说好。这一次也不例外。

直到毕业时，你才终于第一次违背了父母。因为好朋友和男友的背叛终于让你意识到，你错了。错在总想成为别人故事里的主角，满足别人的期待，却把真实的自己抛弃在一旁，不去理会。

结果，你得到的只是几个配角的角色，从没有当过主角。你绽放在他人的故事里，成了炮灰，却从未在自己的故事里绽放出鲜妍美好的自己，从未以主角的身份，在任何一次绽放里摇曳生姿，美得不可替代。

你告诉我，此后你只会在自己的故事里绽放。

不会再为任何人，演绎出一个虚假的、连自己都讨厌的你。

村上春树说："白昼之光，岂知夜色之深。"很像《白天不懂夜的黑》唱出的那种隔阂和无奈。但你假如是白昼，又何必非要知道夜色之深？不如只欣赏自己绽放的耀眼光芒。

就让每个人都只在自己的故事里绽放吧。

这样的世界或许才更美好。

祝福你。

我与完美只差一个你

人生路漫漫，大多数时候都要自己一个人一步一步走完。终有一日，我们都会理解这个事实——所有的人都会离开你，就像你总有一天会离开所有人。

第一人

她是单亲家庭长大的孩子。

很小的时候，父母离婚，母亲改嫁给自己的情人，她跟了父亲。虽说是单亲家庭，但她觉得自己过得很幸福，她和父亲感情很好，父亲做生意做得风生水起，再忙也会抽出时间陪她，而她从小就聪明，学习好，又多才多艺，是父亲的骄傲。

高中毕业，父亲送她出国留学。她舍不得离开，留在国内读书不是一样？父亲却很坚持，"出去看一看世界，扩大眼界胸怀，对你将来有好处。"又说，"趁现在我还有能力……"

她不忍再反对，一个人拎着行李去了异国。刚开始完全不适应，因为想家，哭过好多次，慢慢地就变得坚强起来，独自做很多事，努力交朋友，在越洋电话里和父亲眉飞色舞描绘留学生活，父亲很高兴，许诺等她毕业带她去旅行，“你想去哪儿，咱们就去哪儿！”

很快她毕业了，父女俩却没有去旅行。她当时非常憧憬另一所大学的某位教授，想进他的研究室，忙着应付好几场重要的考试和面试，而父亲的生意也更忙了，结果旅行的事不了了之。

等到她终于拿到研究生名额，稍稍有了些空闲，父亲却病倒了。她心急如焚地回国，才知道是绝症。

她半天回不过神来，一个人躲在医院的厕所里哭，向所有神明祈祷，希望时光倒流，父亲永远年轻，而自己永远是个还没长大的孩子。

神明当然不会回应她的愿望。没过多久，父亲去世。她心力交瘁地处理完后事，卖掉父亲名下的几家店，索性连房子都卖了，独自回到大学。

既然父亲都不在了，再回国也没有意义。她下定决心，要在异国扎根。

此后，她拿到学位，顺利签到一份不错的工作，结婚生子，在郊外买下自己的独栋房子，事业稳步前进，家庭幸福美满，终于在异国安定下来。

有时候，她开车穿过繁华街道，会想起去世的父亲，想起当年父亲说的话，要她出去看一看世界。

时间呼啸着向前，她已经看过这个世界的许多风景，今天也还在继续前行迈向未来，却把父亲永远抛在了身后。

她忽然想要完成一场迟到的纪念。

带着父亲的照片，她请了长假，踏上了旅途。去每一个曾经设想和父亲一起去的地方，在巴黎的埃菲尔铁塔下，在伦敦特拉法尔加广场的鸽群中，在巴塞罗那的海港夕阳里，她抱着父亲的照片，留下一张张合影，在心底默默告诉天国的父亲，我们来过这里。

她将这些照片集结起来，以“我和父亲的旅行”为名，传到社交账号上，引来数以万计的点赞和评论。一位刚刚失去父亲的女孩在照片下面留言：“这已是最好的纪念。”

她看了，泣不成声。

父亲，当年在你怀中的小女孩，已经长成一个美丽、强大、幸福的女人。她参加行业盛会，可以在数千人面前侃侃发言，她有一个温柔的丈夫，一家四口常常去海边度假，即使你不在，她也可以独自应对这个冷酷又温暖的世界，独力承担得失生死。但这一路的波折，悲喜，成就，幸福，你若可以见证，该有多好。

你若还在，该有多好。

第二人

赛琳娜是某著名时尚杂志总编，像电影《穿普拉达的女王》中梅丽尔·斯特里普饰演的时尚女魔头一样，气场强大，直觉敏锐，强势得没边。

刚进杂志社时，她可不是这样。当时她只是个小小的助理，任人使唤，也任人责骂。和她同期招进来的戴西，也是助理，却比她聪明得多，工作完成得好，又会讨人喜欢，挨骂也少得多。

虽然境遇相差很多，两人却很要好。手牵手一起去吃甜品，逛时尚品牌店，买衣服化妆品，为对方选择搭配款式，恋爱时互相瞎出主意。聊及职业理想，她们都会说起那个穿普拉达的时尚女魔头，无限神往，两人约定，要像女魔头那样，成为纵横时尚圈的大人物，以后还要携手创立属于自己的时尚品牌。

戴西对她好，她做事有点儿笨手笨脚，戴西就经常不着痕迹地帮把手。她生病时，戴西就给她煮好喝的蔬菜粥，她不会照顾人，就经常攒钱请戴西吃大餐。在学生时代没有找到的好朋友，在职场上找到了，赛琳娜很开心。

助理的工作做得不够好，赛琳娜的策划才能却很出彩，偶然的一次机会，杂志社打算做一个系列，邀请一些明星来做专访，开会时，赛琳娜鼓足勇气谈了一些自己的想法和创意，居然引起了总编的兴趣，当即破格让她加入负责这个系列的编辑组，出一个具体的策划案。

赛琳娜一步步绽放光彩，等到她开始独立负责一个栏目，并将它打造成杂志最受欢迎的栏目时，戴西仍然是一个助理。一起去吃甜品，一起去逛街，忽然变成一件艰难的事了。戴西开始躲着她。

终于，戴西草草辞职。临走时，她给赛琳娜发了一条信息：对不起，我无法控制自己不去嫉妒你，我讨厌这样的自己。再见。

她们从此失散于人海。

现在的赛琳娜，穿着普拉达出入各种时尚典礼或晚宴，交际场上八面玲珑，工作起来雷厉风行，早已不是当年笨手笨脚的模样。她常常想起当年那个对她那么好、和她一起畅谈理想的女孩。

世事弄人，偏偏是这个和她有着相同理想的女孩，无法见证她的成功。

是的，喜悦无法共享，悲伤无法分担，梦想是注定孤独的旅程。

但你若还在，该有多好。

第三人

有一位话剧导演，前半生忙于组建剧团，写剧本，拉投资，四处巡演，年过半百才结婚生子。一次参加电视节目，台下有人问他，您有没有想过，自己很可能看不到儿子长大成人，有可能他的毕业典礼、结婚典礼都不能参加，您不觉得遗憾吗？

导演笑了，说，你觉得我会遗憾，那是因为你觉得这世上大多数人都能亲眼看着儿女长大，那我问你，假如我生活在一个孤岛，没有其他可以比较的人，你还觉得我遗憾吗？我们为什么要拿自己的人生和别人相比呢，每个人都是在活他自己的人生。我可以回答你刚才的问题，我这一辈子，一直都在做我想做的事，我没有任何遗憾。

他一定也会这样告诉他的儿子：每个人都是在活自己的人生。我若不在，相信你也会很好。

这个世界上，多的是遗憾。子欲养而亲不待，是遗憾；还未道别就已离散，是遗憾。很多时候，你只能眼睁睁看着曾经拥有的被时光席卷而去，纵然千百次回过头去，也无从挽回。

还有一种更无言的遗憾，叫“不在场”。

成长的过程无人见证；你哭，笑，悲，喜，没人看见；你站在人前万众瞩目，最重要的那个人却不在场。

于是你慢慢明白，你努力活着，你说话，哭，笑，为谁付出，你成长，奋斗，爱一个人，无非是想要被看见。

小时候，只要有爸妈看着你，你就敢去探索这个庞大而陌生的世界；长大后，朋友、爱人看着你，你就敢去闯荡，追梦，就敢献出你的全部爱意。哪怕等待你的是伤害也没关系，因为受了伤也会被看见。

有那个人在场，你说什么，做什么，你的勇敢和坚强就都有了意义。

可是人生路漫漫，大多数时候都要自己一个人一步一步走完。

终有一日，我们都会理解这个事实——所有的人都会离开你，就像你总有一天会离开所有人。

所以，面对离散，可以尽情地不舍，流泪，在心中种下永不消失的遗憾。

但最后仍要心存感激，挥手道别。

就像那位导演说的：每个人都是在活自己的人生。

你若在场，我的世界会更好。

不过请放心，你若不在，我一个人也会好好活。

承认软弱，包容软弱

受伤的时候，痛苦得难以承受的时候，放声大哭一场，又有什么不可以？就尽情地让自己软弱，向命运撒娇赖皮，向这个世界的残酷暂时举手投降，又有什么不好？

不是不能坚强，不是不能独自撑过熬过所有苦痛，但这所有的煎熬和逞强，都不如放声大哭一场来得有效。

因为这一场哭泣，是对自我和伤痛的温柔接纳。

接纳过后，才有真正的直面。

曾经有相熟的姐妹失恋，失业，还失去了自己最爱的宠物，一下子觉得陷入人生的低谷，伤心过度，无法振作，窝在家里不出门，提不起精神做任何事。

几个姐妹相约去她家，她蓬头垢面、脸色憔悴地来开门。坐下来聊天，她说起劈腿甩掉她的前任，说起人生前路的茫然，说起宠物死之前的情形，满脸的无法释怀，但问起她有没有哭过时，她却咬牙道："我不想为了这种事情哭。"

我们都愕然，或许她觉得哭泣代表软弱，但若不为了这种事情哭，那人生还有什么值得哭泣的事？

"我们来看电影吧。"

正在大家面面相觑，不知该说些什么的时候，有人建议。

选了一部催泪电影，准备了一大沓纸巾，几个人陪着她边看边掉泪，等到电影播完，纸巾消耗完毕，眼睛肿成桃子，那压抑在心底的沉重悲伤好像真的释放了许多，减轻了许多。

后来这位姐妹和我们说：“哭的时候才肯承认，其实我好伤心，好难过。但神奇的是，哭过之后，发现自己已经没那么伤心难过了。”

我们都是人类，普普通通的人类。

当然可以咬牙走过很长的路，熬过许多难熬的伤痛，但我们都不是铁打的。躯体和心灵，都不是。

受伤的时候，痛苦得难以承受的时候，放声大哭一场，又有什么不可以？就尽情地让自己软弱，向命运撒娇赖皮，向这个世界的残酷暂时举手投降，又有什么不好？

好过强撑起坚强的表象，以为自己张牙舞爪，防备完美，其实内里早已千疮百孔，脆弱不堪。

承认脆弱，才会治愈脆弱；释放悲伤，才会治愈悲伤；流着眼泪，和软弱的自己握手言和，时间才会愈合一切。

否则，它只会麻木一切罢了。

生命的恩赐，也许不是繁花似锦

假如你真的走上了平凡之路，那一定不是选择，而是你走过璀璨之路和荆棘之路以后，再必然不过的抵达。

朴树沉寂十年之后的新歌《平凡之路》在网络上发布，点击量超过百万时，正是我一位忘年交友人抑郁症宣告暂时治愈的时候。

之所以说暂时治愈，是因为谁也不知道什么时候会再次复发。

当时她听了这首歌，也听了许多人的议论评说，到最后却只说了一句：“这首歌，得过抑郁症的人自然听得懂。”

言下之意，除此之外的诸多解说，都是各自的牵强附会？

不是的。她说，其他人说的当然也是对的，在十年前的“生如夏花”之后，如今的朴树已经只想要走一条“平凡之路”，可是，这首歌里的某些东西，无法确切形容出来的某些微妙感受，她相信只有抑郁症患者才懂。

据说朴树淡出的十年间，有好几年都被严重的抑郁症折磨着。

如今，他在走出那场折磨之后，用异常平淡的声音唱着：“我曾经毁了我的一切，只想永远地离开；我曾经堕入无边黑暗，想挣扎无法自拔。”

或许真的像友人所说，这并非仅仅是在说梦想的破碎，青春的失落，也是在描述抑郁症发作时内心所感受到的绝望和黑暗。

友人的抑郁症，由来已久。

第一次发作是在她30岁那年，母亲去世了。

她当时在外地工作，接到母亲病重的电话，连夜往家赶。

赶到医院时，母亲坐在病床上，笑着和她打招呼，脸色也还好。她松了一口气，随后和父亲细聊，才知道母亲的病情已是晚期，医生预言寿命不过半年。父亲一米八的硬汉，泪如雨下。

“你妈妈还不知道……”

她搂过父亲，轻抚着他的肩膀，强忍着没有落泪。

不出三个月，母亲病逝。她忙前忙后办葬礼，来不及伤心，也来不及回忆往事。父亲失去母亲，几乎一蹶不振，她一边照顾父亲，一边处理各种琐事，还要匀出心思来兼顾外地的工作。

等到她终于安顿好了一切，工作重新步入正轨，把父亲接到他所在的城市，已是半年之后。

逝去的人已经逝去，活着的人生活还得继续。这样的道理她当然懂。她比过去更努力地工作，仿佛是为了让天国的母亲安心，她比以前更努力成为一个优秀的女人，甚至交到了一个更优秀的男友，仿佛是为了弥补命运从她身上夺走的幸福。

崩溃来得毫无预兆。

某天下班回家，父亲出去散步了，她直接去浴室洗澡。温度调得刚刚好，热水淋在身上，却毫无毛孔张开的舒服感觉。她觉得自己像是一截木头站在喷头下，全身僵硬，失去了知觉，胸口有一团黑色的荫翳慢慢扩散，巨大的绝望笼罩过来，让她无法动弹。她忽然想，人生有什么意义，工作，努力，赚钱，结婚生子，这一切到底有什么意义？

很奇怪，忽然就再也找不到振作起来的理由。

第二天早上，起不来，不想去上班。接着第三天，第四天，很快，她失去了工作，失去了男友，父亲开始为她担心，带她去医院，诊断结果出来：抑郁症。

吃药，心理辅导治疗，药产生副作用，再吃药治疗副作用，病情稍稍好一点儿，减少治疗次数，病情加重，增加治疗次数——很长一段时间，她就在这种治疗里反复折腾。

在状态好的时候，她自己说：“真的很奇怪，你看，此时此刻，我知道这个世界有美好的一面，知道自己身体健康，各个部位运转正常，知道活着本身就是一种很美妙的体验，但发病的时候，就是振作不起来，就是看不到哪怕一丁点儿希望。”

在此之前，她是外企一位优秀能干的高级经理，刚刚升职，有了外派出国的机会，而她的男友在外资银行工作，两个人都是才貌双全，眼看着就这么走下去，人生肯定会走向一个童话的结局。

然后，她得了病，工作丢了，男友丢了，自己整天窝在家里生着病吃着药，不知何时才是尽头，让人看了唏嘘不已。

但她到底还是走到了尽头。

走出来的契机同样来得突然。

那天她状态还好，忽然很想一个人去爬山。

刚走到山下，她就开始满心绝望。

怎么办呢？到底爬还是不爬？想着想着，脚步已经不知不觉往前迈出了。中途很多次，她都很想停下来，从山上滚下去，但她没有停下来，就这么麻木机械地往前走了许久，终于到了山顶。

风景美得令人窒息，她却完全无心欣赏。脑子里一遍遍想着等下要一步步下山，要站在路边打车，要打开车门，坐车，告诉司机目的地，给钱，推开门，下车，走进家门……

太麻烦了，等下真的可以完成这么麻烦的事情吗？要不还是不要下山了，就站在这里，站一辈子算了……

她在绝望里几乎没顶，直到天空飘下第一片雪花。

居然下雪了。还没到季节呢。

她吃惊地看向灰蒙蒙的天空，雪不断往下掉落，将周围的声音一点点吸收干净，无声的世界里，雪下得大而安静。

地面很快积了薄薄一层，未被踩踏过的新雪，看起来格外柔软。她听到旁边一个小女孩惊呼一声，然后拉着妈妈的手在雪地里又蹦又跳。见她在一旁发愣，小女孩又跑过来牵起她的手。

那个下午，她跟着一个孩子又笑又唱又跳，仿佛回到了小时候。

这一场大雪纷纷扬扬，像是下在她心里，明明是冰凉的，却那么温暖。

她忽然毫无来由地相信，一切都会好起来的。

如今，她做着一份笔译工作，收入不高，当然也不必高强度地工作。

不再逼迫自己变得更优秀。只是告诉自己，怎样都好。

她想，这一场抑郁症的折磨或许是在提醒她，是时候换一种态度面对人生了。

从前她是个工作狂，投入起来简直不要命，年轻的时候，当然没问题，但如果一直这么下去，大概很可能在35岁的某一天因加班而猝死吧。

人生大概只会在看过一种风景之后仓促结束。

而此时她见到的风景，很缓慢。不算好。未来也如一团迷雾，看不清楚。但她很享受这种平凡安然的状态。

不是假装无欲无求，假装心如止水，而是真的觉得享受。

今日再听《平凡之路》，她明白了一个道理，从生如夏花，到毁了自己的一切，堕入无边黑暗，再到平凡之路的回归，这并非一种选择，而是一种必然。

你不能在像夏花一样绚烂地活过之前选择平凡，这样的平凡，只是平庸。

你也不能在经历黑暗和毁灭之前选择平凡，这样的平凡，只是逃避。

假如你真的走上了平凡之路，那一定不是选择，而是你走过璀璨之路和荆棘之路以后，再必然不过的抵达。